AF261560

RAPPORT

Adressé à Son Excellence M. le Ministre de l'Instruction publique et des Cultes, par M. Jules Oppert, chargé d'une mission scientifique en Angleterre.

Monsieur le Ministre,

Votre Excellence a bien voulu m'honorer d'une mission en Angleterre, pour étudier les monuments assyriens conservés au Musée britannique. J'ai l'honneur de vous soumettre, dans ce rapport, les résultats de ce voyage. En laissant à d'autres le soin de les apprécier, il me sera pourtant permis d'assurer au Ministre que les recherches faites à Londres ont puissamment aidé mes études, et, à ce titre, je prie Votre Excellence d'agréer l'expression profondément sentie de ma respectueuse reconnaissance.

Si je voulais rendre compte de tous les résultats de ma mission, il me faudrait écrire un traité complet sur le déchiffrement des inscriptions cunéiformes; car, pour faire ressortir mes propres progrès, il me faudrait exposer un ensemble de petits faits isolés, et démontrer quel caractère, quel mot a été déchiffré ou interprété à l'aide des données nouvelles que renferme la collection anglaise. Il convient, en outre, de faire observer que la nature même de mes investigations leur imprimait plutôt le caractère de moyen, que celui de but déjà atteint.

Convaincu que, dans une science aussi ardue que l'est le déchiffrement des inscriptions cunéiformes, il fallait commencer par le commencement, j'ai laissé de côté tout ce qui ne peut être interprété que dans un avenir plus ou moins reculé.

Que je m'explique à ce sujet.

Le Musée britannique ne renferme pas seulement des inscriptions monumentales; M. Layard a trouvé beaucoup de documents formant des archives ninivites, écrits, en très-petits caractères, sur des tablettes d'argile. Toutes les sciences connues des Chaldéens y sont représentées; mais j'ai cru devoir abandonner encore tous les documents très-obscurs qui se rapportent à l'astrologie et à l'astronomie, au droit particulier, aux coutumes, à la mythologie, pour me souvenir que j'étais philologue avant tout, et qu'il fallait d'abord chercher à comprendre et à utiliser les documents ayant trait à la grammaire assyrienne et qui se trouvent en si grande quantité dans la précieuse collection britannique.

Les rois perses nous ont laissé à Persépolis, à Suzes, à Ecbatane, à Van, à Bisoutoun, des monuments de leur langue, accompagnés de traductions assyriennes. On y rencontre une soixantaine de noms propres qui ont aidé à fixer la valeur des caractères ninivites. Mais même ce nombre considérable de données certaines ne renseignait les investigateurs que sur des valeurs syllabiques de beaucoup de signes, sans leur fournir des moyens pour sortir des difficultés qui ne tardaient pas à les embarrasser.

Ces obstacles, qui s'opposaient tout d'abord au déchiffrement des inscriptions assyriennes, et dont nous indiquerons la nature et l'origine, résidaient surtout dans la grande quantité des signes et des groupes complexes, et ensuite dans une circonstance que l'on ignorait, à savoir, que le même caractère peut avoir plusieurs significations. On comprend que les Assyriens eux-mêmes qui, comme nous le savons seulement depuis peu, avaient reçu cette écriture, d'abord hiéroglyphique, d'un peuple ouralien ou tatare, devaient rencontrer assez d'obstacles pour apprendre à lire leur propre langue. Cette circonstance engagea le roi Sardanapale V (vers 650) à créer une bibliothèque d'argile, et à faciliter ainsi à ses sujets la connaissance de la religion et de l'histoire.

Les inscriptions de ces tablettes sont divisées en colonnes très-régulièrement disposées, et même ceux qui n'auraient pas la moindre connaissance des inscriptions cunéiformes verraient tout de suite que, dans ces documents, il s'agit de signes expliqués par d'autres caractères.

Les tablettes sont de différente nature; quelques-unes expliquent des signes compliqués par d'autres plus communs; d'autres interprètent des complexes de monogrammes idéographiques par le mot qu'ils expriment; d'autres sont des dictionnaires dans une langue scythique d'un côté, et en assyrien de l'autre. Il y en a qui expliquent des mots assyriens par des synonymes de la même langue; puis, il y a des paradigmes de conjugaisons. Généralement ces tablettes portent en bas le nom de Sardanapale, fils d'Essar-haddon, fils de Sennachérib, fils de Sargon; voici une inscription plus explicite qui se trouve à la fin d'un document grammatical :

Palais de Sardanapale, roi du monde, roi d'Assyrie, à qui le dieu Nebo et la déesse Ourmit ont donné des oreilles pour entendre, et ouvert les yeux pour voir, ce qui est la base du gouvernement. Ils ont révélé aux rois, mes prédécesseurs, cette écriture cunéiforme. La manifestation du dieu Nebo... du dieu de l'intelligence suprême, je l'ai écrite sur des tablettes, je l'ai signée, je l'ai rangée, je l'ai placée au milieu de mon palais pour l'instruction de mes sujets.

Ces tablettes, dont j'ai pu copier une centaine, peuvent être considérées comme uniques dans l'antiquité tout entière, et certainement comme les restes les plus précieux de l'antiquité asiatique. J'ai étudié surtout les tablettes et syllabaires, et les documents assyro-scythiques, qui prouvent incontestablement l'existence d'une civilisation antérieure à celle d'Assyrie, et dont le peuple se rattache à la grande famille de l'Asie centrale.

Qu'il me soit permis de formuler déjà ici, brièvement, les faits que je développerai plus longuement dans ce rapport.

L'écriture cunéiforme à laquelle j'ai donné le nom d'écriture *anarienne*, pour la distinguer de l'écriture des Perses désignée par le nom d'*arienne*, est un développement d'un système hiéroglyphique.

Cette écriture anarienne servait d'interprétation à cinq idiomes au moins, qui sont : l'*assyro-chaldéen*, l'*arméniaque* (l'arménien antique), le *susien*, le *médo-scythique* (langue plus connue sous le nom de seconde écriture achéménide), et le *casdo-scythique*, ou la langue qui se trouve en regard de l'assyrien dans les tablettes de Sardanapale.

Cette écriture est *polyphone*, c'est-à-dire qu'un signe peut avoir plusieurs valeurs. Cette polyphonie provient de ce que tel signe fut transporté d'un peuple à l'autre comme expression d'une idée, en conservant le son qui exprimait cette idée dans la première langue. La notion Dieu se disait en scythique *annap ;* les Assyriens adoptèrent et la valeur syllabique *an,* et l'idée « dieu » : mais, pour exprimer celle-ci dans leur langue, il leur fallait ajouter un son nouveau.

La langue des Assyriens et des Babyloniens est un idiome sémitique, indépendant de l'araméen, de l'hébreu et de l'arabe.

Je reviendrai sur ces sujets.

En dehors des documents grammaticaux, j'ai examiné ensuite tous ceux qui peuvent jeter quelque lumière sur l'histoire primordiale de l'humanité. J'ose exprimer au Ministre l'espoir que cette partie de mes recherches ne sera pas la moins importante, et qu'elle pourra même influer sur l'enseignement de l'histoire dans les colléges. Membre du corps enseignant avant mon voyage en Orient, j'ai eu la satisfaction de voir que quelques-uns des faits historiques contenus dans mes publications antérieures ont déjà été acceptés dans des cours d'histoire autorisés par l'Université de France.

Je n'ai pas besoin de faire observer que l'étude des inscriptions assyriennes est appelée à exercer une haute influence sur l'histoire, parce qu'elles confirment l'exactitude des faits racontés dans les saintes Écritures. Seulement quelquefois les Assyriens se taisent sur des événements exposés dans la Bible, notamment quand il s'agit de défaites essuyées par les monarques de Ninive. En voici un exemple :

Un prisme hexagonal en argile, conservé au Musée britannique, raconte, en cinq cent cinquante lignes, les exploits du roi Sennachérib (704-676), pendant les huit premières années de son règne. Dans la troisième année de sa domination (702), le roi d'Assyrie entreprit une grande expédition contre l'Asie occidentale et l'Égypte; Hérodote en fait mention. Louli, roi de Sidon, s'était révolté. Sennachérib marche contre lui, soumet la Phénicie, et remplace Louli par le Sidonien Toubaal. Déjà les deux Sidon (l'antique et la nouvelle), Sarepta, Ecdippa, Acco sont tombés sous les coups du conquérant, qui éternise sa victoire par des stèles taillées dans le roc à côté de celles de Sésostris, au-dessus de l'embouchure du Lycus (Nahr-el-Kelb), où elles existent encore aujourd'hui. Il se dirige vers l'Égypte, mais il est arrêté à Péluse, et forcé de rebrousser chemin. Alors il se jette sur Juda, dont Ézéchias occupe le trône, assiége Lachis et reçoit le tribut des Juifs, triomphe qui forme le sujet d'un superbe bas-relief de Koyoundjik. Le conquérant nous dit qu'il attaqua Oursalimmi (Jérusalem), ville de *Hazakia,* mais il ne nous dit pas qu'il la prit. Nous savons d'ailleurs quel désastre préserva la ville sainte de sa fureur, et le força de retourner à Ninive, où, vingt-cinq ans plus tard, il périt victime d'un parricide. Mais, bien qu'il ne parle pas de sa défaite, nous pouvons bien la deviner par ces mots qui commencent le chapitre suivant : « Dans ma quatrième année, je me recommandai à la grâce d'Assour, mon seigneur; j'assemblai mes serviteurs et marchai sur la Chaldée. » C'est seulement ici que le superbe conquérant parle de sa dévotion envers son dieu, et l'on connaît la raison pour laquelle il ne reparut plus du côté de l'Occident.

Le fils de Sennachérib, Assarhaddon, n'oublie pas de parler de la soumission des Juifs; il raconte qu'il réduisit Minasi (Manassès), roi de la ville de Juda. On comprend le silence du père, qui dut mieux aimer se taire sur la ville de David, qu'émettre un fait qui, nécessairement, aurait été démenti par ses sujets. La Bible, au contraire, met en évidence la défaite de l'impie Manassès par le roi d'Assyrie.

Après ces remarques préliminaires, nous voulons maintenant exposer les questions dans leurs détails.

PREMIÈRE PARTIE.

ORIGINE ET NATURE DE L'ÉCRITURE ANARIENNE.

I. Cinq langues s'écrivent avec le même caractère, qu'on est convenu de désigner plus spécialement par le nom d'écriture cunéiforme *assyrienne*, ce sont :

La langue des Babyloniens et des Assyriens;

La langue des inscriptions de Van, l'arméniaque;

La langue de Susiane;

La langue de la seconde espèce des inscriptions achéméniennes[1], médo-scythique;

La langue des dictionnaires de Sardanapale, casdo-scythique.

Depuis longtemps on avait reconnu l'identité des inscriptions de Van, de Suzes et de Ninive; on avait même tiré, des documents de Van, des conclusions fausses sur la langue des Assyriens, parce qu'on ignorait le fait de la diversité des idiomes recouverts par les mêmes caractères. La découverte des inscriptions de Suzes

---

[1] Il sera utile de rappeler ici que tous les documents, en partie très-développés, des rois de Perse, sont rédigés invariablement en trois langues qui se suivent ainsi :

Premier système : langue perse dont provient le persan, et rapprochée du sanscrit et du zend.

Second système : langue médo-scythique, d'origine tatare.

Troisième système : langue assyro-chaldéenne, l'idiome de Ninive et de Babylone.

Ce n'est que par ces traductions qu'on est parvenu à déchiffrer les inscriptions assyriennes.

a donné un autre exemple de l'application de l'écriture anarienne
à une langue nouvelle qui, peut-être, résistera longtemps encore
aux tentatives d'interprétation. Les vocabulaires dont je faisais
mention tout à l'heure nous montrent une quatrième langue,
écrite par les mêmes signes, et très-voisine de l'idiome nommé
faussement *médique*, occupant la seconde place dans les inscriptions trilingues des rois perses. On avait cru longtemps que le second système de ces monuments était, de sa nature, différent du
troisième, qui recouvre la langue même de Babylone. Nous pouvons démontrer l'identité de ces deux styles d'écriture. M. de Saulcy
avait déjà fait quelques rapprochements graphiques entre les systèmes babylonien et médique; M. Norris, à qui le courageux
dévouement du colonel Rawlinson avait procuré des matériaux
plus étendus, s'était contenté de signaler les exemples les moins
incontestables. Sur cent neuf lettres que contient le second système
des rois perses, j'en ai pu assimiler à des signes assyriens quatre-vingt-
seize; et, en prenant pour point de départ les signes connus, j'ai pu
faire un pas en avant, et expliquer les signes médo-scythiques encore obscurs par leurs correspondants assyriens dont la valeur
n'était plus un mystère. En retrouvant ainsi l'identité de l'origine
et de la forme, j'ai pu achever également le déchiffrement de ce
système tatare ou touranien qui, dans la suite, acquerra pour
nos connaissances historiques de l'Asie une importance à laquelle
on était loin de s'attendre.

J'ai dit que les idiomes assyrien, susien, arménien et scythique,
étaient interprétés par la même écriture originairement hiéroglyphique, dont on peut préciser la forme dans un nombre de cas
donnés. La transformation que la représentation figurée subit d'a-
bord présente un phénomène analogue à celui qui a formé l'écriture hiératique des hiéroglyphes d'Égypte, et les lettres chinoises
actuellement usitées, des images dont elles dérivent. On remplaça
l'image par quelques traits, qui, sans rendre exactement la forme,
en rappelèrent du moins les apparences. Les plus anciens documents de Babylone et de la Chaldée sont reproduits dans cette écriture *qui n'est pas encore cunéiforme.* Un seul monument véritable-
ment hiéroglyphique, et dont l'examen serait de la plus haute
importance, a été trouvé à Suzes : mais malheureusement il n'est
pas à la portée de l'étude.

De ce système hiératique se forma la véritable écriture cunéiforme qui paraît avec le xixe siècle avant notre ère. La forme du coin ou du clou ne doit son origine qu'à une circonstance fortuite; deux coups de ciseau le constituent, et il est plus facile et plus expéditif de graver en pierre dure une écriture de ce genre que d'y sculpter des figures entières. L'écriture hiéroglyphique, ainsi transformée, se simplifia; on oublia peu à peu l'image, véritable prototype de la lettre, et on réduisit le nombre de coins qui constituaient une lettre, de manière qu'il s'en forma une lettre en apparence toute nouvelle.

Donc, de l'image se développe une écriture hiératique; de celle-ci, la première écriture cunéiforme, que nous nommons *archaïque*. Elle est encore fort compliquée, mais elle se simplifie dans un quatrième genre, qui est le plus employé de tous, et dans lequel est conçue l'immense majorité des monuments assyriens : nous le nommerons *moderne*. Dans son application à l'usage journalier, il a pris une forme spéciale que nous appelons *cursive*, et qui, tout à la fin, a dégénéré dans une espèce d'écriture *démotique*, dont on trouve de rares exemples.

Chacune de ces langues nous a laissé des spécimens de ces différents styles. Les écritures archaïques de Babylone, de Ninive et de Suzes se ressemblent beaucoup entre elles; de sorte que, lorsqu'on en connaît une, on peut les lire toutes. Il en est de même pour les styles modernes des mêmes localités. La nuance de cette écriture récente, qui était en usage à Babylone, a été employée, avec les modifications des plus légères, par les rois de Perse; ce style particulier est connu sous le nom de troisième espèce des inscriptions achéméniennes et ressemble beaucoup au style ordinaire de Ninive. Mais il est complétement impossible de lire une inscription archaïque de Babylone avec l'alphabet de Bisoutoun [1]. Pour déchiffrer une seule brique de cette ville, on avait à faire un second travail, qui consistait dans l'identification des formes archaïques du style de Babylone avec les caractères également babyloniens, mais plus modernes, de Bisoutoun.

M. Grotefend, avec cette sagacité féconde qui a illustré son nom, a reconnu qu'un fragment d'un cylindre en terre cuite de Babylone, et publié par Ker Porter, ne contenait autre chose qu'une

---

[1] C'est dans le roc de Bisoutoun qu'est gravée la grande inscription trilingue de Darius, fils d'Hystaspe. Ce document a fourni la principale clef pour le déchiffrement des signes assyriens, par les noms propres très-nombreux qu'il contient.

transcription en caractères simples d'un passage de la grande inscription de Nabuchodonosor, conservée à Londres au musée de la compagnie des Indes. On a pu confronter deux exemplaires d'une même inscription dont la comparaison, instructive à plus d'un titre, a fourni les premiers éléments de l'identification des caractères archaïques et modernes. Le nom de Nabuchodonosor étant écrit sur le cylindre en caractères phonétiques, on a pu attribuer à leur auteur les briques de Babylone, et M. Grotefend seul a, par ce fait, le droit de revendiquer comme sa découverte la lecture du nom du grand monarque chaldéen.

Si l'on possédait tout entier le cylindre dont Ker Porter n'a trouvé qu'un petit fragment, on aurait pu identifier tous les caractères archaïques aux formes plus simples qui leur correspondent. Nous avons pu continuer cette œuvre par induction, en comparant d'autres passages et d'autres textes ; mais quelques signes compliqués, dont la signification est pourtant connue, ne sont pas encore assimilés à leurs représentants dans l'écriture plus simple. Comme quelques-uns bien communs de cette dernière classe ne se trouvent pas encore classés dans le système archaïque, le travail d'assimilation n'est donc pas fini, bien que peu de chose reste encore à faire. Quelques tablettes de Londres sont spécialement destinées à cette identification.

Il faut débuter dans la voie du déchiffrement des inscriptions assyriennes par les noms propres de Persépolis et de Bisoutoun. Avant la publication du texte babylonien de *Bagastâna*[1], on ne connaissait que les noms de Cyrus, Darius, Xerxès, Artaxerce, Hystaspes, Achéménide, Ormuzd, et les noms de pays Perse et Médie. C'était beaucoup trop peu pour pouvoir entreprendre le déchiffrement d'une écriture aussi compliquée. Le document mentionné y ajouta un nombre suffisant de noms propres perses, ceux d'Arsamès, d'Ariaramnès, Teispes, Smerdis, Cambyse, Gomatès, Martiya, Phraortès, Cyaxarès, Hydarnès, Sithrantachmès, Phradès, Veïsdatès, Xathritès, Hysparès, Otanès, Sochrès, Dadyès, Ardimanès, Omisès, Dadarsès, Osacès, Aspathinès ; ensuite les noms des pays et villes d'Arabie, Sparda, Ionie, Ariane, Asagartie, Chorasmie, Bactriane, Sogdiane, Paropanisus, Sattagydes,

---

[1] Bagastâna «demeure des dieux» est la forme perse du grec τὸ Βαγίσἴανον ὄρος, d'où dérive le moderne Behistoun, plus connu sous l'appellation complétement défigurée de *Bi-soutoun* «sans colonnes.»

Arachosie, Margiane, Parthie et plusieurs noms de villes. Les noms babyloniens de ce document, à l'exception de ceux d'Aracus et d'Anirès, ne pouvaient être d'aucun secours pour le déchiffrement; ils n'aidaient qu'à reconnaître dans des textes sans traduction et sans les expliquer les noms d'Assyrie, de Babylone, d'Élymaïs, de Nabuchodonosor, de Nabonid, de Nidintabel; mais ils devaient égarer, comme ils l'ont fait, ceux qui voulaient les épeler par les lettres fournies résultant des noms propres perses. Le nom de Nabuchodonosor devait se lire, d'après ce système phonétique, *Anpasadouah;* le nom de Nabonide, *Anpaï;* et pourtant ils prononçaient, l'un *Nabioukoudourriousour,* l'autre *Nabiounaïd.* Le nom de Babylone enfin devait être *Dintirki,* au lieu de *Babílou.* Comment se tirer de cette difficulté?

M. Rawlinson a le premier établi le principe qu'un même signe pouvait avoir plusieurs valeurs; il le nomme la *polyphonie.* Franchement, il était fort naturel que l'on attaquât, comme on l'a fait, une anomalie qui semblait contraire aux plus simples notions de l'écriture, et que le savant colonel n'a jamais pu expliquer. Voici la raison de ce phénomène :

Déjà les premières études sur l'écriture assyrienne, entreprises par M. Grotefend, avaient constaté un fait : la présence de signes idéographiques. En examinant la traduction assyrienne des courtes inscriptions de Persépolis qui avaient mis le savant de Hanovre sur la voie du déchiffrement, celui-ci s'aperçut que quelques signes n'exprimaient pas de lettres, mais des idées. Les notions de *Dieu, père, fils, roi, pays, langue, homme, maison, porte,* étaient rendues par de simples signes; et, sans pouvoir donner des sons à ces idées, M. Grotefend en constata la signification, et signala leur présence sur d'autres documents.

Le docteur Hincks et le colonel Rawlinson s'aperçurent d'un autre fait : plusieurs des signes employés comme représentants d'une idée se trouvaient, dans les noms propres perses, comme expression d'une syllabe. Par exemple, le signe pour « Dieu » avait une valeur syllabique *an,* dans les noms de Sitrantachmes, Zazanna; le mot *père,* celle de *at* dans les noms Sattagydes, d'Arcadri; l'idée *pays* avait, dans les inscriptions assyriennes, très-souvent le son *mat,* ainsi que dans le nom de la ville d'Hamat. Ils constatèrent en outre que très-souvent ces signes idéographiques ne devaient pas être prononcés, mais qu'ils indiquaient seulement à quel ordre d'idées appartenait un signe suivant, ou même un mot tout entier. L'inscription de Bisoutoun fournit à sir Henry Rawlinson deux exemples où le signe ⟶ « Dieu » n'est que le déterminatif du signe ⊨ *pa,* qui, précédé du premier, indiquait le dieu Nebo ; ainsi avons-nous prouvé que le signe ⊨, qu'on rendait par *ë* (bien qu'en réalité cela soit un *i* aspiré), précédé du déterminatif pour Dieu, signifiait le *ciel* et se prononçait *sami.* Donc on ne pouvait plus douter qu'une grande partie de l'écriture assyrienne ne fût un système idéographique.

On a pris ces caractères pour des signes ou des abréviations, mais à tort. Ces signes provenaient de certaines images ; ainsi la lettre *dieu* n'est autre qu'une étoile, l'idée *roi* est représentée par une abeille, le mot pour *porte, maison* en rappelle les formes. Le caractère déterminatif pour « terre » représente ⬦ un enclos avec des sillons ; l'idée de « tour » est figurée par l'image d'une tour bien reconnaissable. Nos études nous ont mis à même de reconnaître un grand nombre d'hiéroglyphes par la forme que révèlent encore les caractères bien dégradés ; ainsi le caractère *ḫa* ⫶ pris idéographiquement, change, dans les mêmes textes, avec le mot *noun* « poisson », et réellement la forme archaïque assyrienne de cette lettre ⋈ rappelle l'image de cet animal. Il va sans dire que jusqu'ici les études ne sont pas assez avancées pour pouvoir poursuivre jusqu'à l'image l'origine de tous les signes ; mais ces exemples, que d'heureux hasards nous ont fournis, en constatent suffisamment le principe.

Nous avons établi plus haut que la même écriture servait aux habitants de la Suziane, de l'Arménie, de la Chaldée ; et non-seulement les signes syllabiques, mais aussi les caractères idéographiques sont partout les mêmes. Nous avons pour cette assertion les preuves les plus incontestables et les plus intéressantes en même temps. Le roi Sargon nomme, parmi les rois vaincus, l'Arménien Argistis et le Susien Soutrouk Nakhounta. Le temps a épargné quelques inscriptions de ces mêmes rois à Van et à Suzes.

Ces documents de l'Arménie et de l'Élymaïs ne seront peut-être pas d'accord sur les victoires que s'attribue le superbe constructeur de Khorsabad ; mais la coïncidence prouve incontestablement l'identité de l'alphabet. Les signes idéographiques sont les mêmes ; les langues ne le sont pas; mais puisque le même signe rendait les mêmes idées à Suzes et à Ninive, il est clair que le caractère pour *roi* ne pouvait avoir la même valeur phonétique dans ces localités.

Il est clair que ces prononciations des signes idéographiques devaient changer ainsi avec chaque pays. Mais un système d'écriture aussi compliqué que celui dont nous nous occupons n'a pu être inventé en cinq pays à la fois; il n'a été en usage d'abord que chez un peuple, qui l'a transmis ensuite à son disciple en civilisation. La première nation donna au second, non pas seulement le signe idéographique, mais également le son interprétant ce mot dans sa langue. Le *monogramme* (pour me servir du terme adopté) pour « père, roi » passa chez la seconde nation comme expression de l'idée; mais avec celle-ci se transmit également la syllabe ou le mot qui voulait dire « père, roi » dans la première langue. Ce signe ne convenait plus à l'interprétation audible de l'idée; la valeur *at,* qui suffisait pour le premier peuple, chez lequel *at* signifiait « père », ne suffisait plus pour les Assyriens où « père » se disait *abou.*

Mes recherches à Londres m'ont révélé le fait nouveau, que les verbes sont représentés également par des monogrammes ou signes idéographiques. Ainsi, le même caractère qui se lit phonétiquement *sis*, est expliqué, dans les syllabaires, par « frère » et « protéger »; la lettre *ir* signifie et « ville » et « multiplier » : ainsi l'idée de « veiller » est exprimée par le signe pour « étoile »; et souvent deux ou plusieurs verbes ont le même représentant monogrammatique. Cette circonstance devait encore multiplier le nombre de sons syllabiques attachés à la même lettre.

II. Quel peuple a inventé cette écriture?

On comprend l'intérêt qui se rattache à cette question. Nous pouvons, dans notre réponse, tout d'abord procéder par voie d'exclusion. Cette nation ne pouvait pas être une nation sémitique, donc ce n'étaient pas les Assyriens. En effet, le système convient assez mal à une langue de la race de Sem, à cause du syllabisme qui en forme le caractère distinctif. Mais en dehors de cette remarque générale qui, après tout, ne peut être considérée comme définitive, comment expliquerait-on donc la circonstance que jamais la valeur phonétique d'un caractère assyrien n'a le moindre rapport avec le son qui exprime l'idée affectée au signe? Dans quelle langue sémitique *sis,* ou même une articulation semblable, exprime-t-il « frère » et « protéger »? Où trouverait-on un mot sémitique *an* pour dire « Dieu », *at* pour « père », *bib* pour « créer » et « infester »?

Le peuple qui inventa l'écriture anarienne appartient à la grande famille ouralienne. Déjà, avant mon départ pour Londres, j'ai eu l'honneur d'exprimer cette idée à l'Académie des inscriptions et belles-lettres. La découverte des vocabulaires lui a donné une éclatante confirmation. Seulement, ne connaissant pas alors le *casdo-scythique,* je signalai comme la nation inventrice celle qui parla l'idiome de la seconde écriture, et que je nomme maintenant le *médo-scythique,* par des raisons qui paraîtront très-acceptables. L'affinité de ces deux dialectes, qui atteint aux proportions de la presque identité, m'autorise à persister dans ces conclusions, à utiliser dans l'argumentation notre connaissance du *médo-scythique,* basée sur les traductions des inscriptions trilingues, et à regarder ce dialecte comme le représentant de la famille entière.

Voici les raisons qui justifient l'honneur fait à la nation des Scythes, ou Tatares, ou Ouraliens, ou Touraniens, car le nom ne fait rien à l'affaire ; elles résident dans l'examen des signes mêmes. Quand un caractère a deux valeurs, une syllabique et une autre idéographique, alors la signification phonétique se justifie par la langue scythique ; ainsi le signe ⌦ a la valeur de « père ». Cette idée s'exprime, chez les Touraniens, par *atla ;* c'est pour cela que les Assyriens lui attribuent la valeur phonétique de *at.* L'idée de « fils », *pal* en assyrien, est interprétée par un signe dont la valeur phonétique est *tour ; tour* veut dire « fils » en scythique. L'hiéroglyphe pour « étoile » et « Dieu » est lu, comme syllabe, *an,* parce que *annap* en scythique signifie cette notion, exprimée en assyrien par *ilou. Bilga* signifie en scythique « année », le perse *tharda ;* le signe qui interprète l'idée de l'année est le même que celui pour la syllabe *bil* ou *bal.*

Les monogrammes pour les verbes fournissent des exemples plus incontestables encore. Les syllabes *pap* et *bib* expriment, selon les tablettes de Sardanapale, et l'idée de « créer », et celle de « se révolter ». Nous voyons que le mot scythique *bibda* rend le perse *hamithriya abava* « il se révolta », et le mot *biptusda,* le perse *adà* « il créa ». *Mit,* en scythique, veut dire « aller ». Nous n'avons plus à nous étonner que la syllabe *mat* ait également en assyrien le sens de ce verbe.

Ces exemples, que l'on pourrait multiplier, suffiront pour établir d'une manière incontestable l'antériorité de l'écriture scytique. La langue se rapproche, comme M. Norris l'a surtout prouvé, des idiomes ouraliens de la Russie.

Le style médo-scythique de l'écriture anarienne contient également des monogrammes, et pour les distinguer, il y a un signe spécial ⊨ qui ne se rencontre que dans ces cas; M. Norris ne l'a pas reconnu, bien que son emploi soit bien évident. L'écriture, en outre, ne contient pas tant de polyphonies, quoiqu'il y en ait nécessairement; mais, en général, l'écriture scythique établit des différences inconnues aux autres écritures. La croix ⊢⊤ signifie, en assyrien, et *bar* et *mas;* en scythique, sa forme est modifiée, ⊢⊺ rend *bar,* et ⊺⊢ rend *mas.*

Quoique les exemples cités parlent assez haut pour notre assertion, on peut faire valoir une autre raison qui ne manque pas d'importance. Les Perses placent ce système toujours avant celui des Chaldéens, qui pourtant avaient été encore naguère très-puissants, et dont l'importance scientifique a survécu même à l'empire de Cyrus. Les Achéménides eurent donc quelque raison spéciale pour donner à l'écriture scythique la préséance sur le système babylonien, et puisqu'on n'en peut guère chercher le motif dans une puissance qui n'existait plus alors, il faut le trouver dans l'ancienneté de Touran, qui n'était point un mystère pour les vainqueurs ariens. A vrai dire, s'il n'y avait que cette raison-là, elle serait d'une importance minime; mais elle acquiert du poids quand on l'envisage conjointement avec les faits philologiques que nous venons de constater.

Bien que très-éloigné d'accepter tous les rapprochements du savant anglais qui, souvent, a mal transcrit les lettres scythiques, j'adopte pleinement le principe signalé, et c'est, je le répète, dans la Russie cis-ouralienne, qu'il faut chercher les descendants du peuple que les rois perses jugèrent assez important pour lui accorder l'insigne honneur d'immortaliser sa langue sur les rochers de Bisoutoun et d'Ecbatane.

Mais quel était ce peuple dont nous avons désigné les descendants? Évidemment il devait être un peuple antique et puissant; et quoique son empire se fût écroulé du temps des Achéménides, sa langue devait avoir pris de telles racines, dans quelques contrées, que la faveur qu'on lui accordait fût nécessaire. Je crois le reconnaître dans une de ces nations que le père de l'histoire et les autres historiens antiques nomment Scythes.

Je sais quelle objection j'aurai à écarter; on me dira, et avec raison, que ce nom n'est qu'un nom vague qui ne comprend pas qu'un seul peuple, mais toutes les peuplades très-différentes qui habitaient depuis les embouchures de l'Ister jusqu'aux montagnes de l'Himalaya. Je pourrai moi-même aggraver le poids des contestations par le fait, que ce nom de Scythes est un nom germanique, et, selon moi, n'est autre que l'ancien allemand *skiutha* « sagittaire »; et qui ne sait pas que les Scythes étaient surtout connus comme archers, et employés comme tels?

Si l'on ne considérait que ce dernier point de vue, on pourrait en tirer la conclusion que les Scythes n'étaient pas, à coup sûr, des nations tatares. Mais le nom que les Grecs donnaient à toutes ces peuplades en général avait été emprunté à l'idiome d'une nation qui habitait les bords de l'Ister, parce qu'elle était la plus rapprochée de la presqu'île hellénique. Mais au nord de ce peuple d'archers étaient établies des nations tatares, tout comme aujourd'hui; ces anciens riverains du Dniester, du Dniéper, du Don, en avaient éloigné les Celtes ariens; ils furent chassés à leur tour, et refoulés vers les steppes inhospitalières du nord par la migration des peuples qui y substitua des Germains d'abord, des Slaves ensuite; de sorte que les fils des anciens Scythes tatares ne se trouvent plus qu'adossés à l'Oural et à la mer Blanche.

La langue de la seconde écriture des Achéménides est très-rapprochée de celle qu'Hérodote, au quatrième livre de son œuvre, appelle scythique. Le peu que l'historien d'Halicarnasse nous en a laissé démontre la parenté, et beaucoup des noms propres sont parfaitement intelligibles par l'écriture des Achéménides. Les mots οἰορπατά « homicide », Ἀριμάσπου « borgne », semblent le prouver; ce mot est *ruhirbattu; ruhir* est « homme », *bat,* dans le scythique acheménien, veut dire « tuer », *ghar* est « un »; et c'est avec la particule *immas,* ajoutée au numéral qui se rencontre bien souvent, *gharimmas.* Hérodote traduit ἄριμα par « un ». Quelques-uns des noms de divinités dont aucun ne peut être expliqué par les langues indo-germaniques trouvent leur source dans cette langue. La terre, nommée Ἀπία, vient du mot *api* « Dieu », le

Παπαῖος « Dieu suprême », de *apapi* « Dieu des dieux. » Le premier homme, d'après Hérodote, se nommait Targitaos, *Tourgata*, signifie « fils-homme »; et, réellement, on nous dit que cet homme était, selon les Scythes, le fils de Jupiter et de la fille du Borysthènes. Beaucoup de noms propres de Scythes, qui résistent aux étymologies sanscrites, se laissent interpréter par la langue médo-scythique; je ne cite que Σπαργαπείθης, *sbarrak pikti* « qui aide dans le combat », Ὀκταμασάδης, *Kuktammas-adda* « ou père de l'affection ». De même, le dieu de la mer, Θαμιμασάδης, d'après Hérodote, s'explique par le scythique *sam-immas-adda* « père de l'infini ». *Sam* ou *sa-oum* exprime, dans la traduction scythique, le mot perse *amâtâ* « non mesurés, tout-puissants », *sam immas* ou *saoum immas* indique l'infinité. Le père de l'histoire nous dit que le scythique Ἐξαμπαῖος signifiait ἱραὶ ὁδοί « les chemins sacrés ». Or, dans la dernière partie de ce mot, nous retrouvons le scythique *annap* « Dieu »; le mot pour chemin qui se rencontre dans l'inscription scythique de Nakchi-Roustam où il traduit le perse *pathim*, y est malheureusement rendu par un monogramme.

Les peuplades que les Grecs comprenaient sous le nom de Scythes étaient désignées, chez les Perses, sous la dénomination commune de Sakas; l'assertion d'Hérodote est confirmée par les inscriptions. Or, le mot *sak,* qui se retrouve dans les noms de tant de peuplades mongoles (voire même dans celui des Cosaques), signifie « fils » en scythique et en susien. Le nom des Sakes n'est donc pas celui d'un seul peuple, mais l'appellatif commun de toutes les tribus qui se nomment *fils de,* précisément comme les Arabes se distinguent par le mot *beni,* et comme les Juifs n'avaient d'abord pas d'autre nom de peuple que celui de fils d'Israël. Chez les Assyriens le peuple désigné par Scythes et Sakes a l'appellation *Navirri* ou *Navri,* et ce mot *nam* ou *nav* indique « famille », dans le scythique des Achéménides, ainsi que dans plusieurs langues de la même souche, le magyar, par exemple; *ri* est, comme en *sakri, navri,* le suffixe post-positif de la troisième personne, correspondant au turc سو ou س. Les Babyloniens ne désignaient donc ces peuplades que par le mot qui indiquait « famille » dans l'idiome de ces dernières.

Hérodote distingue les Scythes des autres peuples qui l'entourent, et parmi ces derniers il y en a qui sont bien des Germains; je me contente de citer les Ἀλάζωνοι qui, d'après l'historien d'Halicarnasse, ne sont pas Scythes, et dans lesquels il est impossible de ne pas reconnaître le goth *Alasunius* « les fils du peuple ». Donc toutes ces tribus portent le nom de « fils »; et je puis compléter cette digression, par le fréquent usage de *tour* « fils », en scythique, dans les noms des peuplades mongoles; les Tatares et les Turcs en ont conservé la trace. Les querelles antiques des Iraniens et des Touraniens, ou des Arya et des Tourya des livres zends, peuvent être alléguées ici. Les adversaires de Zoroastre et de sa loi ont toujours été considérés comme appartenant à la race de l'Altaï. Le serpent des Touryas, que les Persans personnifient dans Afrasiâb, a bravé les étymologies ariennes, il ne se rencontre pas dans les textes zends sous cette forme; c'est peut-être le mot par lequel le document scythique de Bisoutoun désigne les ennemis marchant contre les Perses : *farrursarrabba.*

Nous trouvons dans ce monument, un des plus importants que l'antiquité ait épargnés, une indication que nous ne pourrions négliger. Le nom du Sace vaincu par Darius est Iskounka.

J'y vois une nouvelle preuve de l'exactitude de l'appellation adoptée. Le rocher de Bisoutoun nous montre un personnage, sur lequel il y a écrit en perse : « Ceci est Skounka, le Sace. » La traduction scythique porte *Iskounka akka Sakka.* On conviendra, avec nous, que cette forme est frappée au coin de la langue du second système des Achéménides. Nous pourrions y voir le seul nom de Scythe qui nous soit conservé dans sa forme originale, si une circonstance ne nous forçait à y reconnaître tout simplement le mot scythique pour « roi ».

Le titre suprême des rois assyriens est *sakkanakkou,* et ce terme est inexplicable par les langues sémitiques; il est donc importé d'un autre idiome dont le peuple fut assez puissant pour imposer à Ninive un mot qui put devenir l'expression suprême de la puissance humaine. Personne ne pourrait nier la similitude de *sakkanakkou* et de son prototype *iskounka,* et on y trouvera un appui assez puissant pour l'opinion qui fait des Saces ou des Scythes les représentants d'une antique et puissante civilisation.

Mais cette nation de l'Asie, comment se retrouverait-elle dans les contrées entre le Pruth et le Don? Hérodote rapporte un récit qui lui paraît très-acceptable. Les Scythes habitaient d'abord l'Asie; chassés de leurs demeures par les Massagètes, ils se jetèrent sur les Cimmériens, qui occupaient alors la Russie méridionale, et dont le père de l'histoire reconnaît encore partout les races.

Ce récit dont l'ancien historien fait mention également à un autre passage de son histoire, est on ne peut plus probable. Les Cimmériens Celtes, les premiers Ariens qui se soient séparés de la grande famille indo-germanique, furent chassés de leurs demeures au Pont-Euxin par des Tatares. Ce fait eut lieu au commencement du xvᵉ siècle avant J. C., et précéda les migrations des peuples celtes à travers l'occident européen, comme leur conquête des Gaules et de la Bretagne. Les Scythes eux-mêmes avaient été forcés d'abandonner leurs demeures par les Massagètes, qui étaient également des Tatares; leurs mœurs ne ressemblent pas à celles des Ariens. Le nom des Massagètes s'explique par les syllabes scythiques, *Mich-chaggatou* « chef de horde ».

Justin dit, II, 3 : « His (Scythis) igitur Asia per mille quingen-« tos annos vectigalis fuit. Pendendi tributi finem Ninus rex Assy-« riorum imposuit. » L'Asie fut tributaire des Scythes pendant quinze cents ans. Et cette partie du globe a conservé, jusque dans un nom actuel, les vestiges de l'antique domination des Scythes. Ce nom de l'Asie n'a jamais été expliqué suffisamment. D'après les mythographes grecs, Asia fut la femme de Prométhée. Hérodote, qui connaît cette étymologie, nous dit, en outre, que les Lydiens la contestaient, et qu'ils faisaient venir le nom de l'Asie du nom d'un de leurs rois (IV, 45). Asie veut dire, en scythique, « la vaste terre ». Les inscriptions de Persépolis et d'Ecbatane ont une phrase ainsi conçue : « Roi de cette grande terre, au loin et auprès. » Elle est rendue par le scythique, *vurun hi ukkuva hassaikka farsatinika.* Le mot perse *dûraiy* « au loin », est traduit par le mot *hassaïkka,* de *hassa* « lointain », et je crois que le nom de l'Asie n'est autre chose que ce terme des Scythes.

Dans l'idiome casdo-scythique, *mada* veut dire « pays ». Des Ouraliens ont donc imposé le nom au pays arien de Médie lequel, du reste, résiste à toute étymologie indo-germanique. Cette circonstance m'a engagé à voir dans la seconde écriture l'idiome des Scythes habitant la Médie[1], et formant encore une partie considérable de la population, sous la domination arienne.

---

[1] On sait par Hérodote (I, 73) que le roi Cyaxarès confia aux Scythes des enfants qui devaient apprendre leur langue et l'art de l'archer. Peut-être cette intéressante tradition n'a été inventée que pour expliquer l'existence et l'usage

Les Scythes, dominateurs antiques de l'Asie centrale, sont dis-
tingués des autres nations qui les entourent. Ce ne sont pas des Cimmériens ou des Tauriens qui appartiennent à le souche celtique;
ce ne sont pas des Alazones, ou des Agathyrses, ou des Gètes dont
les noms révèlent un coloris germanique très-prononcé; les Scythes
ne sont pas parents des Nèvres, des Budines, qui sont Slaves,
ni des Géloncs, qui sont des Grecs transformés en Slaves. Ils sont
différents des Sauromates qui se servent pourtant de la langue
scythique, mais en la corrompant par des solécismes, parce que
leurs mères, les Amazones, ne la leur ont pas bien apprise. La
légende de l'union des Scythes et des Amazones, rapportée par
Hérodote, semble s'expliquer par un contact de deux peuplades,
et qui a produit un peuple mixte.

Les Scythes ne sont rien de tout cela; mais que sont-ils donc?
Il nous sera permis de supposer qu'ils appartenaient au groupe
tatare. Et, en vérité, Hérodote compte parmi eux les Andropha-
ges demeurant au nord, ayant un dialecte spécial, mais se servant
des usages scythes, et les Melanchlènes. Ces derniers sont les ancêtres des Finnois, Esthoniens et autres qui ont peuplé la Russie
avant les Germains et les Slaves : ils sont parents des Scythes.

Toutes ces données réunies rendent notre thèse très-probable.
Un peuple qui a su maintenir sa domination pendant un laps de
temps aussi considérable n'a pu être dépourvu de toute civilisation. Arrivé à un certain degré de culture, il a dû connaître l'art
d'écrire, qui, quoi qu'on en ait voulu dire, doit avoir été bien répandu déjà deux mille ans avant notre ère. Ce sont les Scythes qui
ont pu arrêter les progrès des Ariens, personnifiés dans Zoroastre
et les propagateurs de sa doctrine; mais ils n'ont pu résister aux
Sémites venus de l'Arabie méridionale. Cette dernière défaite a
arrêté la civilisation que les Scythes s'étaient acquise, et plus
tard refoulés dans des régions négligées par la nature, forcés à
cette vie nomade qui les rendit complétement incapables d'occu-
pations civilisatrices, ils n'apparaissent plus que comme ennemis
des sciences et des arts.

répandu de la langue scythique en Médie, dont les premiers habitants touraniens furent soumis par une race arienne, parlant la langue *perse*. Nous croyons
que par ce fait la langue de la seconde écriture a enfin trouvé son explication :
nous la nommons *médo-scythique*, et non *médique*, parce que l'idiome ainsi appelé
n'était autre que celui des Perses.

Mais quelles sont les traces que ce peuple, jadis si puissant, a laissées dans les contrées de l'Asie centrale? Je crois reconnaître les restes de cette race dans une peuplade dispersée par tout le pays au nord de Ninive, et dont beaucoup de représentants habitent la ville de Mossoul. Je parle des Yezidis, une tribu qui adore le diable, le mauvais principe, et qui ne se soucie pas du bon, parce qu'elle croit n'avoir rien à craindre de lui. Ces hommes que le code musulman met hors la loi, que les Juifs croient flétrir en les nommant כשדים « Chaldéens », et que tout dernièrement les Anglais ont mis à l'abri des vexations qu'ils avaient à supporter jusqu'alors, se nomment eux-mêmes *Dasim* « la tribu », d'un mot obscur; les Arabes en ont formé le pluriel دواسم. Or, dans le scythique, le mot pour peuple, correspondant au perse *Kára*, est *Dassumir*, que je crois dérivé de *Dassum*, avec le *r* suffixe qui se retrouve comme nominatif indéfini à la fin des noms de peuples, par exemple, Babilur, Markus-ir, etc. Cette coïncidence m'a fait énoncer l'hypothèse que, dans les Yezidis, sont conservés les débris de l'ancienne population scythique de l'Assyrie.

III. Après cette digression, qui nous a paru pourtant nécessaire pour défendre l'opinion de l'antériorité des Ouraliens, et qui, en elle-même, explique la *polyphonie* du système cunéiforme, nous revenons à la question principale, et nous croyons être plus compréhensible, en formulant brièvement les principes de cette antique écriture. Ce sont les recherches de Londres qui ont confirmé ce qu'il y avait de vrai, mais je le dirai également, rectifié ce qu'il y avait de faux dans mes opinions. Je suis d'autant plus prêt à revenir sur des opinions erronées, que des hypothèses timidement émises ont dû s'éclipser devant l'autorité souveraine des Assyriens eux-mêmes, et que j'ai pu remplacer l'erreur par la vérité. Dans d'autres cas, le progrès de mes études m'a démontré un autre fait, que je n'hésite pas à formuler: des questions de détail d'un nombre moins considérable, et que je croyais résolues, ont dû être ouvertes de nouveau; car les mêmes documents qui nous ont donné des réponses certaines sur un point, nous fournissent la preuve que nous ne pouvons pas en résoudre un autre, à moins qu'une découverte nouvelle ne fasse cesser cette impossibilité momentanée.

Voici les principes corroborés par les documents de Londres:

1° Tous les signes cunéiformes proviennent d'une image hiéroglyphique. Une tablette de Londres nous montre des images transformées en signes cunéiformes archaïques; on peut retracer l'origine figurative de beaucoup d'autres.

2° Tous les signes ont au moins une valeur idéographique, et chaque idée pouvait être écrite avec des monogrammes, soit exprimée par un simple signe, soit par une suite de caractères. Il est bien entendu que nous ne parlons pas encore de son expression syllabique ou phonétique. Par exemple, le « feu » s'écrit, ou par un signe qui a les valeurs syllabiques *ni, kouv, bil,* ou par une suite de caractères qui, phonétiquement, se lisent *an. iṣ. bar,* mais qui sont expliqués par *Deus. materiœ. purificator.* En assyrien, le feu se dit *nouvour* נוּר; c'est ainsi que les documents expliquent ce groupe.

3° Beaucoup de caractères ont des valeurs d'un ordre d'idées différent, et expriment des notions abstraites et concrètes à la fois. Ainsi nous avons acquis la certitude d'un fait dont nous ne nous doutions pas, mais qui est rendu incontestable par des documents grammaticaux : il y a des monogrammes pour les verbes. Ainsi, le signe ⟨cunéiforme⟩, qui n'a pas, que je sache, de valeur phonétique, signifie « lumière », en assyrien, *our;* et ensuite, il veut dire « échauffer », en assyrien, *hamam,* et « engendrer », *ilid.* Le signe pour « frère » ⟨cunéiforme⟩ signifie également « protéger »; et ceci explique pourquoi le caractère pour « frère », que M. de Saulcy a bien transcrit *aḥou,* se trouve également comme dernier élément du nom de Nabuchodonosor; car le mot assyrien *naṣar,* qui interprète le verbe perse *pâ,* est donné comme une valeur du signe en question. Le signe ⟨cunéiforme⟩, dont la valeur phonétique est *an,* a les significations de « étoile » et de « veiller »; sa forme archaïque ⟨cunéiforme⟩ est dérivée de l'image même de l'étoile; mais, comme interprétant ces idées, il se prononce, en assyrien, *ilou* et *dimir.* Le caractère ⟨cunéiforme⟩, *i,* est expliqué dans les tablettes par *kabou* et *kâbou,* que je crois allié à l'arabe et à l'hébreu, قب, קב « voûter »; effectivement, ce signe, précédé du signe pour « Dieu », explique le perse *açman* « ciel », et indique alors proprement « le Dieu voûté »; ces inscriptions nous apprennent que les deux signes ainsi unis se prononcent *sami* en assyrien.

4° De cette écriture, purement idéographique dans l'origine, s'est développé un système syllabique, précisément comme le même cas est arrivé en Chine, en Égypte, en Phénicie. Le peuple qui, le premier, inventa cette manière d'interpréter ses pensées, attacha aux caractères, en dehors de la notion, le son qui exprimait l'idée. Ainsi, il s'est fait qu'une grande partie des signes idéographiques sont devenus syllabiques. On fit de l'image du poisson l'expression du son *ha*, celle de la maison se prononça *nis*, l'étoile *an*, la tête *sak*, l'oreille *pi*, l'œil *si*, la main *su*, l'eau dégouttante *a*, la terre sillonnée *ki*, etc. Je n'ai pas besoin d'ajouter que, dans l'immense majorité des cas, il serait plus que téméraire de vouloir identifier les signes cunéiformes avec des images; j'espère que les preuves que j'ai données suffiront pour rendre plausible le principe lui-même.

5° Mais puisque les hiéroglyphes servaient à exprimer également des idées abstraites, il s'ensuivait forcément qu'ils se prononcèrent de différentes manières. L'hiéroglyphe pour « frère », signifiant également « protéger », prit les deux valeurs de *sis* et de *nas*. Le signe *out* exprime les notions de « soleil » et de « marcher »; il avait donc les deux valeurs *out* et *par*.

6° Le peuple qui inventa cette écriture n'est pas celui qui nous a laissé une si énorme quantité de monuments. Ce ne fut ni un peuple arien, ni un peuple sémitique; mais il se rattache, par ses racines et par l'organisation de sa langue, aux idiomes ouraliens. J'avais eu l'honneur de développer, devant l'Académie des Inscriptions et Belles-Lettres, cette opinion, depuis pleinement corroborée par mes études au Musée britannique. Je retrouve dans la langue de la seconde écriture achéménienne les raisons pour lesquelles un signe donné avait telle valeur syllabique et telle signification idéographique, et je crois avoir démontré l'antériorité de cet idiome mystérieux.

Je suis heureux de pouvoir soumettre au Ministre des preuves autrement incontestables que celles qui, aux yeux de l'Institut, ne pouvaient avoir que la valeur de simples hypothèses. Je parle des dictionnaires rédigés dans deux langues; l'une d'elles est celle des Assyriens, l'autre un idiome qui, de nature, se lie très-étroitement à la langue dite *médique* ou *scythique,* sans pourtant être complétement le même idiome. On jugera de leur différence, comme de la parenté, par les exemples suivants : *adda* veut dire « père » dans les deux langues; seulement « son père » se dit, dans le dialecte ninivite, *addani;* dans l'autre, *addari;* « à son père », dans le premier, *addanikou;* dans l'autre, *addarikki.* « Les pères » se dit, dans l'un et l'autre, *addabi;* « leur père », *adda abbini* dans l'un, *adda abilni* dans l'autre. Ce peu de mots suffiront pour établir au moins la parenté de ces deux idiomes, et l'on pourrait parfaitement défendre l'opinion que la langue des tablettes de Ninive, et celle des monuments perses, sont exactement la même, prise à deux siècles de distance et dans des pays différents.

Le peuple qui parla cette langue a inventé l'écriture cunéiforme.

7° Les Assyro-Chaldéens reçurent ce système déjà avant le xxe siècle avant l'ère chrétienne. Ils adoptèrent, non-seulement la valeur idéographique, mais aussi les sons attachés aux lettres. Ceux-ci ne suffisant plus pour la langue assyrienne, le peuple sémitique dut attacher aux signes des prononciations nouvelles; on ajouta aux sons de *sis* « frère » et de *nas* « protéger », en scythique, ceux de *ah* et de *naṣar*. Le caractère *bib* (qui signifiait également « donner » et « se révolter », parce que, dans la langue primitive, *bibtusda* exprima « il créa » et *bibdas* « il se révolta »), est expliqué, dans les tablettes assyriennes, par *nakar* « se révolter » et *dana* « créer ». La *polyphonie* n'est donc qu'une conséquence presque forcée du système hiéroglyphique transmis d'un peuple à l'autre, surtout quand on considère que l'image était *polylogue,* qu'elle servait à exprimer plusieurs idées à la fois.

8° Les Assyriens, en acceptant l'écriture des Anariens, l'ont modifiée pendant les quinze siècles durant lesquels nous pouvons les poursuivre. Ainsi, ils attachèrent au signe une idée qu'il n'avait pas eue dans le premier idiome, mais seulement une valeur syllabique qui, en Assyrien, interprétait la nouvelle notion. Ils acceptèrent, en revanche, des *groupes entiers* de caractères avec la signification de la première langue, en les prononçant en Assyrien; et les tablettes de Londres donnent une immense quantité de faits pareils. Ces groupes idéographiques forment la plus grande difficulté qui s'oppose à la lecture; mais à côté du mal nous avons le remède. Il n'est pas impossible que les entraves dont on entourait une étude aussi simple n'aient pas été maintenues sans raison; les prêtres, dépositaires de la sagesse et de la science, voulaient en conserver le monopole, et rendre le plus épineuse possible la connaissance des lettres. Cette opinion me paraît d'autant plus acceptable, que les peuples qui n'étaient pas soumis à une classe de prêtres, comme les Susiens, se sont servis du même système d'écriture syllabique, sans adopter les nombreux monogrammes de l'écriture de Ninive et de Babylone. Les inscriptions de Suzes sont, de toutes les inscriptions cunéiformes, les plus faciles à transcrire en lettres européennes, mais les plus difficiles à comprendre, parce que nous n'avons pas de clef pour l'interprétation. Mais tandis que la simple lecture des noms royaux d'Assyrie est toute une science, et réclame des recherches sans nombre, les noms des rois de Suzes sont lisibles à l'aide du syllabaire le moins compliqué; c'est à peine s'il y a quatre monogrammes pour exprimer les idées les plus usitées dans les inscriptions.

9° Les Assyro-Chaldéens sentaient eux-mêmes les difficultés de leur système d'écriture; ils redoutaient les méprises que forcément devaient entraîner les complications que les siècles leur avaient léguées. Il ne faut donc pas s'étonner s'ils pensaient à rendre plus clairs leurs écrits, surtout ceux que les rois destinaient à la lecture publique; mais, malheureusement, ils n'eurent pas toujours recours à l'expédient le plus simple, à l'écriture purement syllabique, qui se composait de quatre-vingt-dix signes simples. Ils employaient des monogrammes, mais ils voulaient en rendre les valeurs le moins douteuses possible. Voici le procédé qu'ils employaient, surtout dans les derniers temps, et qui a été une source féconde d'erreurs, jusqu'à ce que nous ayons été assez heureux pour découvrir le mot de l'énigme :

Quand un monogramme a plusieurs valeurs, on lui ajoute fréquemment la dernière lettre qui constitue le mot en assyrien. La syllabe *out* veut dire « soleil » et « jour », et se prononce, en assyrien, *samsi, nahara;* on ajoute donc à *out, si,* pour indiquer que c'est le soleil dont il s'agit, et *ra* pour faire voir qu'il faut lire *nahar.* Mais, pour cela, le signe *out* n'a pas la valeur syllabique de *sam* ou de *na,* comme les Anglais l'avaient cru. Ainsi la même lettre ⊀, *mal,* indique « aller » et « se lever » (du soleil). Généralement, on la trouve avec la première signification au prétérit, *aksout* « j'allai », on y ajoute alors *out;* « se lever » se dit, en assyrien, *napah;* dans ce cas, on ajoute très-souvent un *ha.* Des phénomènes semblables m'ont fait adopter des valeurs erronées; j'ai cru, par exemple, que le signe ⊀ avait aussi la valeur de *nap,* mais c'était faux. Une idée heureuse m'a éclairé sur ce principe, qui, une fois établi, a fait tomber immédiatement beaucoup d'attributions de valeurs, imaginées ou par mes devanciers, ou par moi-même.

Il me reste un mot à dire sur la dénomination d'écriture *ana-rienne*, pour l'opposer à celle d'*arienne*, réservée au système perse que j'ai choisi. Cinq différentes langues s'écrivent avec le même système; trois langues touraniennes ou ouraliennes, celle des tablettes de Ninive, celle des monuments trilingues rédigés par les rois perses, et celle des monuments susiens. Une langue, peut-être indo-germanique, s'en servait, comme nous le savons : c'est l'idiome des inscriptions arméniennes. Mais l'immense majorité des monuments est due au burin des Assyriens et des Babyloniens; ce sont eux qui, avant tous les autres, sont dignes de notre examen. Cette langue, conformément à la table généalogique de la Genèse, est sémitique, ainsi que tous mes devanciers, sans exception, l'ont reconnu.

Le peuple qui peut, à juste titre, réclamer la désignation d'une des grandes nations de l'humanité, parlait une langue étroitement liée à l'hébreu et à l'araméen, plus éloignée déjà de l'arabe et de l'éthiopien, mais complétement indépendante des idiomes mentionnés. Déjà nous entrevoyons les principaux éléments de son organisme, déjà nous pouvons établir certaines lois phonétiques qui seront notre guide pour l'explication scientifique des précieux documents de Ninive et de Babylone. Nous sommes déjà avancés au point de pouvoir prouver que le système phonétique de la langue assyrienne a, quant aux racines, la plus grande ressemblance avec l'hébreu. C'est une règle, que le *schin* de l'hébreu y est représenté par la même lettre *ch*, le *samech* par le *'s*; jamais le ש ne s'abâtardit au *t* chaldéen ou au ث arabe. Le צ de l'hébreu y est constant, et ne devient pas ט, comme en araméen, ou ض et ظ, comme en arabe. Le ז ne se change pas en ד chaldéen, ni ne prend la prononciation du ذ de la langue du Koran. Seulement, le י initial des racines devient א en assyrien. Quant à l'organisme pourtant, la grammaire diffère considérablement de l'hébreu, et elle offre plusieurs points de rapprochements avec les dialectes araméens et l'arabe; aussi le dictionnaire de la langue syriaque renferme-t-il beaucoup de racines qui peuvent servir avec fruit à l'explication des textes mêmes, quoique l'hébreu fournisse toujours un contingent très-nombreux de racines identiques à celles de la langue des Chaldéens. Mais en dehors de ces radicaux, pour l'interprétation desquels les langues sémitiques éclairent nos pas chancelants, il y en a bon nombre qu'on ne retrouve pas dans les autres idiomes des fils de Sem, et alors c'est ou la traduction perse qui guide nos recherches, ou il ne nous restera qu'à en expliquer le sens par le contexte lui-même, chose toujours épineuse et sujette à des méprises et à des controverses.

IV. Grammaire. — Le caractère rigoureusement sémitique de la langue assyrienne facilitera l'interprétation des inscriptions. De toutes les branches d'idiomes, celles des Sémites sont les plus inaltérables, les plus indestructibles, les plus tenaces. Pendant les quinze siècles qui séparent les monuments chaldéens les plus anciens des inscriptions cunéiformes des Séleucides, la langue des Assyriens s'est peu modifiée. Les règles phonétiques, une fois établies, peuvent être regardées comme inaltérables, et il ne faut pas s'en départir ; la rigueur de cette maxime empêche des résultats incertains, et ajoute plus de poids à ceux qu'on obtient.

La grammaire de la langue assyrienne est très-rapprochée de celle des autres idiomes sémitiques. C'est le même principe, seulement l'écriture donne ici à la langue de Ninive et de Babylone un avantage sur les inscriptions sémitiques de Phénicie et d'Arabie, parce que le système syllabique fait voir les voyelles qu'il faut unir aux consonnes.

Un autre avantage, non moins précieux, résulte des documents grammaticaux de Londres, dont un nombre assez considérable donne des formes étymologiques, des suffixes et des flexions verbales. Je ferai mention ici d'un fragment que j'ai été assez heureux pour découvrir. Il contient, d'un côté, les formes pronominales de l'idiome casdo-scythique, et de l'autre, celles de l'assyrien. Le mot choisi est *itti* « avec », en scythique, *ki.*

kini	*ta*	*ittichou*	avec lui
kinanni	*ta*	*ittichounou*	avec eux
kimou	*ta*	*ittya*	avec moi
kimi	*ta*	*ittini*	avec nous
kizou	*ta*	*ittika*	avec toi
kizounanni ta		*ittikounou*	avec vous.

Le tableau entier des suffixes assyriens est :

	SINGULIER.		PLURIEL.	
	Masc.	Fém.	Masc.	Fém.
1re p.	*ya*		*ni*	
2e p.	*ka*	*-ki*	*koun*	*kin*
3e p.	*chon*	*-cha*	*choun*	*chin.*

La conjugaison ressemble beaucoup à celle des autres idiomes

sémitiques. Il y a un kal, niphal, paël, ifta'al (avec la seconde re-
doublée), saphel, istaphel, aphel, iftal, et le paradigme mon-
trera l'analogie de la langue assyrienne avec les autres langues.
Nous donnons ici les formes du verbe régulier *zakar* « se souvenir ».

KAL.

	AORISTE.		IMPÉRATIF ET PRÉCATIF.	
	Singulier.	Pluriel.	Singulier.	Pluriel.
1re p.	*azkour*	*nazkour*	—	—
2[o] p. m.	*tazkour*	*tazkourou(n)*	*zoukour*	*zoukourou*
2[a] p. f.	*tazkouri*	*tazkoura(n)*	*zouk(ou)ri*	*zoukoura*
3[a] p. m.	*izkour*	*izkourou(n)*	*lizkour*	*lizkourou*
3e p. f.	*tazkour*	*izkoura(n)*	*lizkour*	*lizkourát*

INFINITIF.	PARTICIPE.	
zakar	masc. s. *zakir*	fem. s. *zakirat*
	p. *zakiri (zikrout)*	p. *zakirat*.

Le prétérit est très-rarement employé, et nous n'avons pas d'éléments suffisants pour l'établir avec certitude.

Les autres formes du verbe régulier se déduisent ainsi :

	NIPHAL.	PAEL.	IPHTAAL.	SAPHEL.	ISTAPHAL.	APHEL.	IPHAL.
Aoriste.	*azzakir*	*ouzakkir*	*azzakkir* [1]	*ousazkir*	*oustazkir*	*ouzkour*	*azzakar* [1]
Participe.	*mouzzakir*	*mouzakkir*	*mouzzakkir* [1]	*mousazkir*	*moustazkir*	*mouzkir*	*mouzzakar* [1]
Infinitif.	*nazkar*	*zoukkour*	*zitkour*	*souzkour*	*sutouzkour*	*ouzkour*	*zitkit*.

Nous connaissons également beaucoup de règles concernant les
verbes défectifs ayant de l'analogie avec l'hébreu.

Mais il est temps de quitter les questions fondamentales pour
examiner, dans la *seconde partie* de notre travail, l'histoire et la
chronologie des Assyriens et des Chaldéens.

---

[1] Je n'ai pas besoin d'ajouter que le redoublement du *z* à l'iphtaal et à l'iphtal
n'est, dans ce cas spécial, qu'un changement euphonique du *t* en *z*, comme en
hébreu, et que les formes devraient être : *aztakkir, mouztakkir, aztakar, mouz-
takar*, p. e. *artabbit, aptassit*, etc. On aura vu que l'idiome assyrien est différent
de l'araméen, et on devait s'attendre à cette diversité. Assour, fils de Sem, a une
individualité différente et bien distincte de son frère Aram. Il y a des savants
qui ne veulent croire à l'assyrien que quand on leur présentera le chaldaïque de
Daniel, qui est nommé *araméen* et bien distinct de « la langue des Chaldéens. »
Et pourquoi donc le grand peuple assyrien n'aurait-il pas eu sa langue propre,
aussi bien que la nation araméenne, qui n'a jamais eu l'importance historique de
Ninive ni de Babylone ?

SECONDE PARTIE.

CHRONOLOGIE DES ASSYRIENS ET DES BABYLONIENS.

En soumettant au Ministre les résultats de mes recherches chronologiques à Londres, je ne me dissimule pas les difficultés de cette entreprise. J'aborde un sujet qui n'est pas nouveau comme ceux que je viens d'exposer; il a été travaillé depuis bien des siècles, et pourtant la question n'a pas été résolue. Rien, en effet, ne nous justifierait de reprendre une matière aussi souvent traitée et aussi souvent abandonnée, si la découverte des monuments assyriens ne nous portait pas à examiner lequel, parmi les systèmes de tant de savants, a été celui de Ninive et de Babylone.

Heureusement pour notre tâche, les documents assyriens, si obscurs ailleurs, offrent dans cette question moins de difficultés que partout ailleurs. Les renseignements généraux, qui sont les plus importants, sont donnés par les tables généalogiques; souvent les rois d'Assyrie se rapportent à un de leurs prédécesseurs qui, tant d'années avant telle époque, accomplit tel fait désigné dans l'inscription. Ces nombres sont donnés en chiffres, souvent confirmés par différents exemplaires du même texte.

En dehors de ces notions qui ont trait seulement à l'histoire d'Assyrie, nous trouvons des synchronismes avec l'Histoire sainte. Les noms bibliques n'offrent pas de difficulté pour le déchiffrement, parce qu'ils sont exprimés par des caractères connus depuis longtemps, et c'est justement aux noms d'Ézéchias et de Juda, qui se trouvent dans les inscriptions d'un roi de Ninive, que l'on a reconnu que ce monarque, le constructeur du palais de Koyondjik, devait être Sennachérib, sans pouvoir alors prouver la lecture du nom assyrien.

Si la Bible a éclairé nos pas dans les commencements, ce sont les auteurs grecs et latins qui nous ont fourni les cadres pour y grouper les personnages révélés par les inscriptions. Mais les ouvrages classiques ne sont pas d'égale valeur pour nous : nous ferons donc quelques remarques sur le degré d'autorité que peut réclamer chacun des représentants de l'historiographie antique.

L'autorité du père de l'histoire, que les inscriptions perses nous ont appris à respecter, reste également inattaquable dans les points généraux. Aucun des noms royaux qu'il fournit ne peut être mis en doute; bien que l'inaptitude de son oreille d'Hellène à s'approprier les noms sémitiques, lui ait fait confondre Nabuchodonosor et Nabonid, et prendre le dernier pour le fils du premier, cette inexactitude est presque la seule que nous puissions relever. Est-il donc le seul qui, avec raison, ne connaisse pas un roi d'Assyrie du nom de Ninus? La durée de 520 ans qu'il assigne au grand empire assyrien est confirmée d'une manière éclatante par Bérose. Cet écrivain, Chaldéen de naissance, mais qui rédigea en grec l'histoire de son pays, est la source principale, et nous devons une grande reconnaissance à Eusèbe, de nous avoir transmis avec autant d'exactitude la succession et la durée des différents règnes qui occupèrent le trône de Babylone. Après Bérose, ce sont surtout les Orientaux qui écrivirent en grec qui sont dignes de notre attention, et principalement Josèphe, Strabon, Abydène et Nicolaüs de Damas. Quant à Ctésias, on aurait tort de dédaigner ses données sans s'y arrêter; car la bonne critique ne se montre pas par le rejet pur et simple de ce qu'on ne peut expliquer tout de suite, mais par la consciencieuse investigation qui recherche l'origine de l'erreur. Nous verrons que l'historien de Cnide, le médecin d'Artaxerce Mnémon, loin de renverser le système d'Hérodote et de Bérose, le confirme en ce sens que Ctésias comprend dans le nom d'empire assyrien toute la suite des dynasties sémitiques qui ont régné à Ninive. Quant à son appréciation de l'histoire des Assyriens et des Mèdes, il ne faut pas oublier quelle fut sa position officielle à la cour de Perse, position qui a dû fausser les vues de l'historien. Il raconte cette histoire comme un Perse devait la raconter, et l'inexactitude, quoique fâcheuse pour nous, est tellement systématique, qu'on peut rectifier et expliquer ses égarements.

Nous ne pouvons que déplorer la perte de tant d'historiens grecs et surtout romains qui, il faut le reconnaître, envisageaient l'histoire antique déjà d'un œil moins partial et plus universel.

Les savants d'Alexandrie ont beaucoup traité cette matière, bien qu'ils n'aient pas toujours apporté la connaissance nécessaire de la langue du pays; pour cela ils ont commis dans les listes des rois d'étranges erreurs, que les inscriptions elles-mêmes nous ont permis de contrôler et d'apprécier. Ainsi, Clitarque nous fait savoir qu'une inscription à Tarsus racontait que Sardanapale, fils d'Anakyndaraxarès, bâtit Tarsus et Anchiale dans un jour. Mais

cette généalogie n'est autre chose que les titres du roi mal expliqués et conservés par les inscriptions. Il y avait :

Assour-idanna-palla. anakou. nadou. 'sar. Assour.
Sardanapalus.   ego   augustus. rex. Assyriæ.

C'est de ce protocole de l'inscription que les Grecs ont fait le
nom Ἀνακυνδαραξάρης ou Ἀνακυνδαράξης; et ce n'est pas sans raison
que l'ignorant interprète du document a vu dans cet assemblage
de mots le père de Sardanapale; *Assour-idanna-palla* signifie : « Le
« dieu Assour a donné un fils, » et c'est le dernier élément de ce
nom, *palla,* qui a occasionné cette erreur.

Ce même nom royal a été la cause d'une autre erreur : les
Grecs nous disent que Sardanapale s'est aussi appelé Κονοσκον-
κόλερος; c'est là encore un titre royal qu'on a pris pour un nom,
et ici la lecture des inscriptions cunéiformes nous fournit directe-
ment le mot de l'énigme. Voici les lettres qui suivent le nom de
Sardanapale :

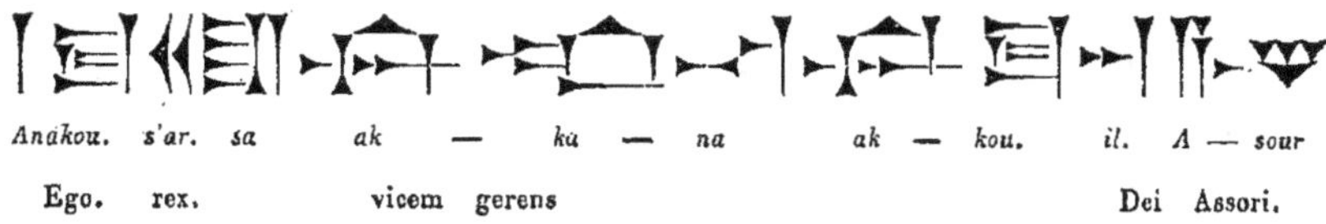

Anakou. s'ar. sa   ak   —   ka   —   na   ak — kou.   il.   A — sour
Ego.   rex.   vicem gerens   Dei Assori.

lu à tort : Kounissakkanakkil asour.

Nous pouvons même signaler les méprises : les deux premiers
signes pris ensemble signifient « moi »; mais le premier seul indique
qu'un nom d'homme va suivre, et le second seul la syllabe *kou.*
On a donc pris le clou vertical pour un signe indiquant un nom
propre commençant par *kou.* Le signe « roi » a la valeur phonétique de *nis;* et le Κονοσκογκόλερος s'explique mieux encore par la
prononciation scythique de ce mot ouralien, telle qu'elle se
trouve à Bisoutoun dans le nom du roi des Saces, Skounka. Le
titre de *Sakkanakkou* était le plus sacré de ceux des rois d'Assyrie, qui l'emploient devant les mots « des grands dieux » ou « de
Babylone. » Nous y trouvons le mot Ζωγάνης de Bérose, le titre suprême; et la première des deux combinaisons nous a porté a rendre
par « vicaire » ce terme que nous ne savons pas expliquer, parce
qu'il est d'origine scythique.

Le lecture erronée du titre de Sardanapale *Kou nis. skounk il
asour* a valu au roi un surnom dont il ne pouvait pas se douter.

J'ai donné ces deux exemples pour démontrer que, dans les opinions même les plus étranges des Grecs, il y a toujours un fond de vérité : dans ces deux cas, l'erreur se fonde sur une inscription mal lue, mais quelquefois la méprise est moins pardonnable. Nous trouvons une suite de rois mal à propos insérée dans le canon d'Eusèbe, et manquant dans celui que donne Moyse de Khorène. L'écrivain arménien place ces noms dans l'ordre que voici :

Ninus,
Chalaos,
Arbelus,
Anebos,
Babios,
Bel.

Il est impossible de ne pas y voir, non pas des noms de personnages, mais les noms des villes de Ninive, Chala (Nimrod aujourd'hui), Arbèles, Nipour (Kala-Sherghat), Babylone, qui est personnifié comme fils de Bel. Ces noms n'indiquent donc que l'émigration des Babyloniens du sud au nord, exactement comme nous l'indique la Genèse. Dans le canon d'Eusèbe, qui semble remonter à Ctésias, on trouve à côté de quelques rois authentiques les noms de fleuves, tels que *Ophratœus*, l'Euphrate; *Acraganes*, canal cité par Abydenus; *Dercyllus*, le Tigre (Diglat); ensuite des noms susiens, perses et même grecs, comme celui de Laosthènes. Malgré les altérations cruelles que les premiers noms de la liste ont subies, on peut y reconnaître encore quelques noms d'une suite de rois assyriens, et je ne serais pas étonné de voir un jour que toute cette chronologie apocryphe a sa raison d'être dans une inscription d'un roi assyrien mal interprétée.

Il ne faut pas oublier que la confusion qui embarrasse les chronologues est due à Ctésias en grande partie; il a exercé sur cette portion de l'histoire l'influence la plus désastreuse, car il puisa ses renseignements chez un peuple qui a été et qui est encore, après ses proches parents les Indiens, celui qui a le moins le sentiment de l'histoire. Ce sens historique manque à Bisoutoun, où Darius donne bien les jours et les mois des faits racontés, mais oublie les années; ce défaut se manifeste chez les Persans modernes, seul peuple dont le plus grand poëte soit encore le plus grand historien, et qui seul a pu avoir un livre des

Rois. Je me rappelle que cette même infirmité scientifique m'a frappé dans les conversations avec des Persans qui passaient pour des lettrés de leur pays, et qui sur l'histoire moderne de l'Asie avaient les idées les plus étranges. Et comment attendre d'une nation des renseignements exacts sur ses ennemis vaincus, quand, dans sa propre histoire, elle laisse échapper le nom du grand Cyrus, qui a fondé son empire; comment s'étonner que les Perses aient placé Sémiramis douze siècles plus tôt qu'il ne le fallait, quand les Persans de nos jours ne s'aperçoivent pas d'une énorme lacune dans leurs annales entre Gustasp et Ardichir, qui, d'après eux, ont été réunis par un lien étroit de famille, et pourtant sont séparés l'un de l'autre par un espace de peut-être dix-sept siècles!

Le véritable sentiment historique en Asie ne se trouve que chez les Sémites.

Parmi les historiens, Bérose seul[1] nous a laissé une liste des dynasties successives, avec les nombres des rois et celui des années qui s'écoulèrent sur leur domination. La liste a pour point de départ l'année de la chute de Sardanapale, le dernier monarque du grand empire assyrien, auquel l'écrivain chaldéen assigne une durée de 526 années, conformément au père de l'histoire, qui dit que les Assyriens ont régné sur l'Asie 520 ans. Cette concordance ajoute un crédit énorme aux données du prêtre chaldéen, confirmées du reste par les inscriptions qui nous fournissent plusieurs jalons et points de repère. La plus ancienne de toutes ces dates remonte jusqu'à la moitié du xxe siècle avant Jésus-Christ, puisqu'un cylindre de Tiglatpileser Ier (vers 1200) parle de la reconstruction d'un temple détruit par le roi *Samsi-Hou*, fils d'*Ismidagan*, 641 ans avant l'époque de son grand-père à lui, qui l'avait détruit. Une date plus précise est donnée par l'inscription du roc de Bavian, qui rapporte que Sennachérib, dans sa première année, enleva de Babylone des idoles que Mérodach-idanna-akhi, roi de Chaldée, avait ravies à Tiglatpileser, roi d'Assyrie, 418 ans auparavant. Ce fait eut donc lieu en 1122 avant Jésus-Christ.

---

[1] M. Ch. Lenormant a déjà exposé cette même idée dans son cours d'histoire ancienne en 1836, lorsque les découvertes épigraphiques qui confirment l'autorité d'Hérodote n'étaient pas faites. La date précitée seule parle avec assez d'éloquence pour la sagacité du savant académicien. Il fixa avec une grande justesse le déclin momentané de la puissance assyrienne à 1100, et nous savons maintenant qu'en effet les Babyloniens saccagèrent en 1122 la capitale d'Assyrie.

Mais la date la plus importante pour notre but est celle qui se développe des documents, pour la chute de Sardanapale, et à laquelle se rattache la chronologie de Bérose. Ce dernier roi du grand empire fut dépossédé par le Mède Arbace et le Babylonien Bélesys (*Balazou* des inscriptions), que Bérose, la Bible et Josèphe nomment Phul; ce nom se retrouve également dans les inscriptions sous la forme de *Poulli*, comme celui d'un membre de la famille royale de Babylone. Il veut dire tout bonnement « voici mon « fils », et se compare à l'hébreu Ruben ראובן. C'est cette signification du nom *Poulli*, forme babylonienne de l'assyrien *Palli*, qui explique le changement du nom en celui de *Balazou*, que je traduis par « terrible ». L'identité du Phul de la Bible et du Bélesys des Grecs a été soutenue déjà, il y a longtemps.

Ce roi fit la guerre à Ménahem, roi d'Israël qui régna de 771-761. Tiglatpileser se souleva à Ninive contre le Babylonien Phul, dont il n'existe pas de monument dans cette ville, qu'il paraît ne pas avoir habitée. Le successeur de Phul sur le trône d'Assyrie (car celui-ci continue à régner à Babylone, qui ne figure pas dans les nombreuses villes soumises au sceptre de Tiglatpileser) fit également, dans la huitième année de son règne, la guerre à Ménahem. Puisque le roi d'Israël ne régna que dix ans, il est clair que l'expédition de Phul ne put avoir lieu que dans les premières années de sa domination, et celle de Tiglatpileser doit tomber dans les dernières. Nous ne nous tromperons pas de beaucoup quand nous placerons l'avénement de l'usurpateur Tiglatpileser en 769 avant J. C.

Maintenant il existe une inscription, trouvée par M. Hincks, à qui j'en dois la connaissance, et dans laquelle Tiglatpileser, en descendant jusqu'à la 42ᵉ année de son règne, dit qu'il monta sur le trône dans la 20ᵉ année de son prédécesseur. Cette étrange manière d'annoncer son avénement fait croire qu'à cette époque ce dernier existait encore; ce silence sur le nom de son père nous montre un usurpateur. D'après Castor et Eusèbe, le successeur de Sardanapale qu'ils appellent Ninus II, parce qu'il fonda une nouvelle dynastie, régna 19 ans, et ces deux données conformes nous autorisent à mettre la fin du grand empire d'Assyrie en 788 avant Jésus-Christ.

M. de Saulcy, dans son savant examen du canon des rois mèdes, est arrivé à la même date pour le soulèvement d'Arbace. Je ne reproduis pas ses raisons; elles sont souveraines et fondées sur les chiffres, tels que les auteurs les transmettent. Cette coïncidence, dont personne n'osera nier le poids considérable, est encore confirmée par un passage d'Hérodote, qui, dans sa forme actuelle, n'offre aucun sens, mais dont le changement semble évident. L'historien d'Halicarnasse donne à l'indépendance des Mèdes une durée de 128 ans, chiffre que condamne son propre système. Mais si l'on lit 228 ans, on arrive juste à l'époque que nous avons obtenue pour le renversement du trône de Ninus.

Nous aurons donc pour les dynasties sémitiques les périodes suivantes :

    49 rois chaldéens pendant 458 ans.............. 2017-1559
     8 rois arabes pendant 245 ans................. 1559-1314
    45 rois assyriens pendant 526 ans.............. 1314-788

La domination de l'Asie centrale par les Sémites est donc de 1230 ans; Castor l'évalua à 1280 ans, mais il faut changer le Π en Λ, et l'on obtient le chiffre que peut-être le chronographe a mis.

C'est presque à cette époque que remonte Ismidagan, roi d'Assyrie : son nom signifie « Dagon est sublime ». Est-ce que le nom de ce roi antique dont la Chaldée nous a révélé des documents aurait donné naissance au mythe de Sémiramis, reine historique du ix° siècle avant J. C., mais rapportée ici par une similitude de nom? Est-ce que la tradition qui unit le nom de cette souveraine à la déesse Derceto aurait son origine dans le Dagon du roi assyrien? Nous n'osons pas nous prononcer à cet égard.

C'est donc en 2017 avant J. C. que nous plaçons la fondation de l'empire sémitique d'Assyrie, personnifié dans Ninus. Mais Babylone existait; onze rois avaient régné immédiatement auparavant.

Bérose se tait sur leur nationalité; nous croyons que ce ne furent ni des Sémites, ni des Ariens. La durée de leur domination est évaluée à 48 ans; époque évidemment trop courte pour onze monarques. La seule correction que nous proposons, c'est de lire ΣH, 208, au lieu MH, 48, et nous aurons pour le commencement de cette domination, touranienne d'après nous, la date de 2225 avant J. C. Cette opinion semble se confirmer par la donnée de Simplicius, que les tablettes astronomiques des Chaldéens, envoyées à Aristote par Callisthènes, remontaient à 1903 ans avant

Alexandre. La limite supérieure des observations astronomiques est donc de 2226 avant J. C.

Cette coïncidence est d'autant plus remarquable que l'épigraphie assyrienne elle-même nous conduit forcément à une origine touranienne de l'écriture cunéiforme. Il n'y a aujourd'hui plus de doute à ce sujet, et je vois avec une grande satisfaction que le colonel Rawlinson vient d'accepter l'idée que j'avais émise et que je crois reposer sur des bases solides.

Les annales babyloniennes inscrivent sur leurs tables une dynastie médique antérieure a celle dont nous venons de parler; elle a régné 224 ans. Parmi ces rois figure Zoroastre, le grand prophète des Bactriens. Nous déclarons que nous ne sommes pas contraire à l'opinion qui donne un âge aussi reculé à la religion du Zendavesta, quelque postérieure que soit la forme des livres sacrés que le temps nous a épargnés. L'opinion unanime des Grecs sur ce point, le silence absolu du Vendidad sur l'Assyrie, la géographie de ce livre, qui ne connaît pas les désignations anariennes de Médie, de Parthie, de Perse, sans ignorer l'existence de ces pays, les légendes antiques sur la propagation de la foi dualiste dans l'Asie et la résistance opiniâtre des Touraniens, à la fin vainqueurs, tout cela ne rend pas invraisemblable notre opinion, que la dynastie médique qui occupa le trône de Babylone de 2449-2225 avant J. C. se rattache aux tentatives avouées de propager la doctrine d'Ormuzd par le glaive, et il ne nous est pas permis de traiter légèrement l'opinion de Grecs, qui voyaient dans Zoroastre un roi antique de la Bactriane, et un des conquérants des plus illustres.

Le silence que gardent les Ariens sur toute l'époque suivante est d'autant moins surprenant, qu'ils ne recouvrèrent la domination sur la haute Asie que quatorze siècles plus tard. Ils avaient chassé la dynastie cusite de Nimrod, qui, du reste, ne semble jamais s'être étendue fort loin. Les données babylonniennes, transmises par Alexandre Polyhistor, donnent une durée fabuleuse à cette dynastie, 33,091 ans. Nous croyons pouvoir démontrer que, dans la chronologie chaldéenne, il ne s'agit que de 1,091 ans, pendant lesquels quatre-vingt-six rois régnèrent, immédiatement après le déluge. Voici l'origine de cette erreur ancienne de 32,000 ans, dont, fort heureusement, une inscription de Nabuchodonosor nous confirme et l'existence et la rectification.

Polyhistor exprime ce chiffre par 9 sares, 5 nères et 8 sossos. Cette expression, même d'après les valeurs qu'Apollodore et Eusèbe donnent à ces mots, ne produit pas le nombre cité, mais 35,880 années; il ne s'agit que d'une différence de 28 siècles. Nous croyons pouvoir prouver que dans les mots grecs ΣΑΝΗ, ΣΑΡΟΣ, ΝΗΡΟΣ, ΣΩΤΤΟΣ, ΣΩΣΣΟΣ, il y a les mots sémitiques pour *an, mois, jour, heure* et *minute;* d'après Bérose, qui évalue le saros ou mois à 3,600 ans, nous aurons forcément la table suivante :

Sane	שנה	an cosmique, équivalant à...	43,200	ans solaires.
Saros	סהר	mois cosmique............	3,600	// //
Neros	נהר	jour cosmique............	120	// //
Sottos	שעת	heure cosmique..........	5	// //
Sossos	שש	minute cosmique.........	1	mois solaire.

Ce système astrologique était basé sur le mois solaire, qui se résumait par une minute cosmique. 9 mois, 5 jours, 8 heures cosmiques ne donnent pas non plus, d'après le véritable comput, le chiffre de 33,091, mais celui de 33,660. Mais si, **en** respectant rigoureusement les nombres, on lit 9 jours, 5 heures et 8 minutes cosmiques, on obtient le résultat de 1,090 ans, 8 mois solaires, ou plus court, 1,091 ans.

Et comment une erreur de 32,000 a-t-elle pu s'introduire?

La réponse est facile à donner : immédiatement avant précède le chiffre de 432,000 ans, c'est-à-dire 10 ans cosmiques, durée de la domination des dix rois antédiluviens. On a compté le chiffre de 32,000 deux fois, et cette erreur fut d'autant plus facile à commettre que dans la notation grecque, comme dans celle des Babyloniens, le chiffre de 400,000 est séparé de celui de 32,000.

On obtient donc, pour cette première dynastie postdiluvienne, l'époque de 3540 à 2449 avant J. C., et 3540 pour celle où les Babyloniens, à tort ou à raison, placèrent la date du déluge; elle ne diffère pas trop de celle acceptée par l'église orientale. Il est connu que, d'après l'église d'Antioche[1], nous serions maintenant dans l'an du monde 7365.

---

[1] Nous avons la conviction, et nous n'hésitons pas à la formuler, que les Massorèthes ont diminué les générations postdiluviennes de mille ans. Le système de la rédaction judaïque est étrange. D'après lui, Noë est mort 42 ans avant la naissance d'Isaac, et Sem est mort dans la cinquantième année de vie de Jacob, après avoir survécu à tous ses descendants jusqu'à Abraham inclusivement. Selon nous, Arphaxad n'est pas né 2 ans après le déluge, mais 202 ans; il n'eut pas son fils

Mais voici comment les Chaldéens eux-mêmes démontrent la vérité de notre calcul. On sait que la tradition de la confusion des langues, qui se place immédiatement après le déluge, et celle de la tour de Babel, existèrent chez les Babyloniens comme chez les Juifs. Nous avons déjà établi que, dans le nom de Borsippa, le Birs-Nimroud d'aujourd'hui, s'est conservée cette légende : le nom mentionné veut dire « tour des langues. » C'est à Borsippa que Ao, le dieu de la lumière intelligible (φῶς νοητόν) s'est construit la demeure de la vaticination, comme le dit Nabuchodonosor dans l'inscription de Londres (col. iv, l. 57). La manière d'écrire en monogrammes le nom de Borsippa indique « ville de la dispersion des langues, » tandis que trois signes idéographiques, dont l'ensemble se lit *Babilou*, est à expliquer par « ville de la réunion des tribus. » La vénérable ruine de la tour de Babel a été restaurée par Nabuchodonosor; dans les fondements, le colonel Rawlinson a trouvé deux cylindres qui portent la même inscription, et qui sont de la plus haute importance. Ce document détruit l'opinion topographique de celui qui a eu le mérite de le découvrir, et qui nie, on ne sait pas trop pourquoi, l'identité de la ruine du Birs-Nimroud avec le monument antique[1] auquel se rattache la tradition de la dispersion. Le roi de Babylone dit qu'il a restauré ce temple, dédié aux sept lumières de la terre, et qu'un roi avant lui (ou le premier roi) avait bâti 42 amar auparavant. Or le mot babylonien *amar* correspond à l'arabe عمر « vie humaine; » c'est une période de 70 ans solaires ou 14 heures cosmiques, et le double du *dar,* de la génération, équivalant à 35 ans solaires ou 7 heures cosmiques. La durée de la génération, dans l'astrologie chaldéenne, se rattachait à une

Selah dans sa trente-septième, mais dans sa cent trente-septième année, et ainsi de suite. Les Massorèthes ont tenu à rapprocher la durée des générations après le déluge des nôtres. Nous reviendrons sur ce sujet, en nous bornant à énoncer ici que le déluge hébraïque ne tombe pas en 2512 avant J. C., mais bien en 3512 avant J. C. Nous ne sommes pas les premiers à dire que l'intervalle entre Noé, le cataclysme et Abraham est beaucoup trop court.

[1] Le Talmud babylonien regarde Borsippa, ce faubourg de Babylone, comme le théâtre de la confusion des langues. Pendant l'exploration de Babylone, nous avons recueilli à Ibrahim-el-Khalil, la ruine près du Birs, une petite inscription datée de Borsippa (*Barsip*), le trentième jour du sixième mois de la quinzième année de Nabonid. Nous avons ainsi donné la démonstration définitive du fait avancé depuis longtemps, à savoir que la ruine de la tour de Babel était le Birs Nimrod.

superstition babylonienne qui a créé les noms de nos jours de la semaine, à savoir que les sept planètes présidaient chacune à une heure de la journée. En sept heures, les planètes avaient fini leur cycle.

Ces 42 vies humaines équivalent à 2,940 ans. Nabuchodonosor commença à régner en 604 avant J. C.; il mourut en 561 avant J. C.; la date en question est donc entre 3,544 et 3,501 avant J. C., ce qui cadre merveilleusement avec les données de Bérose, rattachées à la date de 788, pour la fin du grand empire, également prouvée par les inscriptions. Nous avons religieusement conservé les chiffres, sauf en deux cas contrôlés par d'autres notices, et exigés par la plus simple réflexion, c'est-à-dire :

1° Nous avons changé MH en ΣH parce que le laps de 48 ans semble trop court pour 11 rois; que la correction, au point de vue paléographique, n'est pas forcée, et que le résultat est confirmé d'ailleurs par la donnée de Callisthènes;

2° Nous avons restitué 1,091 ans au lieu de 33,091 ans, chiffre ridicule, en expliquant et la naissance du nombre et l'origine de l'erreur.

Tout le système est contrôlé dans son ensemble par le passage de l'inscription de Borsippa, qui nous rapporte, pour la date de la construction de la tour de Babylone, selon les Chaldéens, à l'époque entre 3,544 et 3,501, tandis que les chiffres contrôlés de Bérose placent le déluge dans le milieu du xxxvi° siècle avant l'ère chrétienne.

Entre le déluge et la première dynastie sémitique se sont écoulés quinze siècles, et cette période antérieure n'est pas non plus inconnue aux anciens. Trogus Pompeius, qui puisait dans les meilleures sources et dont nous ne pouvons trop déplorer la perte, dit expressément que les Scythes ont régné avant Ninus sur l'Asie pendant quinze cents ans. L'autorité de l'historien romain est-elle à dédaigner comme on l'a fait, en présence de la concordance des chiffres proposée et soutenue par nous? Nous ne le croyons pas. De quel droit donc négligerait-on le témoignage d'un écrivain à qui nous devons tant d'éclaircissement sur l'histoire primordiale des peuples fondée sur des documents originaux? Qui, parmi les Romains, a eu des idées plus justes sur les Juifs que lui? Qui a raconté, avec plus de vraisemblance, la fondation de Carthage? Qui a mieux expliqué l'origine des Parthes? Qui a donné de plus probables renseignemens sur les habitants primitifs de l'Europe occidentale?

Dans tous les chapitres consacrés aux Scythes, l'écrivain de l'histoire universelle est très-explicite, et il n'y a pas lieu, je crois, de suspecter ses données. Il se peut que, sous le nom de domination scythe, il ait compris les dynasties chamites, ariennes et touraniennes; mais encore est-il fort probable que des Touraniens ont peuplé l'Asie centrale avant l'invasion des Ariens.

Après avoir suivi les dynasties, en remontant plus haut que Sardanapale, il nous faut fixer les époques des monarchies postérieures. Nous avons vu que Bélesys fonda la monarchie chaldéenne, mais que Tiglatpileser, le quatrième du nom, s'érigea en roi à Ninive. Il y resta au moins 42 ans, alors jusqu'à 727 avant J. C., au plus tôt; son fils, Salmanassar IV, lui succéda. Sargon usurpa le trône et régna au moins 15 ans; nous le voyons par les inscriptions historiques de Khorsabad qui furent conçues dans la 15ᵉ année de son règne. Mais quand commença-t-il à régner? Un passage précieux des documents (*Monuments de Ninive*, par Botta, pl. 65, l. 2) l'établit d'une manière certaine.

Le canon des rois de Babylone, conservé par Théon, nous démontre que dans la 38ᵉ année de l'ère de Nabonassar, en 709, Arkéanos succéda à Mardokempad. Depuis longtemps, différents savants ont identifié le premier à Sargon et le second à Merodachbaladan. Le premier rapprochement a été fait par M. de Saulcy et abandonné ensuite, à tort selon moi, car le nom de Sargon se trouve aussi écrit Sarkin. Le passage cité dit que le roi d'Assyrie vainquit Merodachbaladan dans la 12ᵉ année de son règne; il monta donc sur le trône en 720 avant J. C. Probablement il détrôna Salmanassar, alors occupé à Samarie, et détruisit tous les monuments où se trouvait le nom de son prédécesseur. C'est à cette opinion et à cette date que se sont arrêtés également MM. Hincks et Rawlinson.

Sargon régna 16 ans; il fut roi de Babylone de 709 à 704 avant J. C., roi d'Assyrie de 720 à 704. C'est à cette époque que lui succéda Sennachérib, qui, dans la 3ᵉ année de son règne, c'est-à-dire en 702, fit la guerre contre Ézéchias. Il est clair qu'il faut lire la 24ᵉ année d'Ézéchias au lieu de la 14ᵉ, où Sargon régnait encore. Pour me résoudre à cette rectification, il a fallu la concordance absolue du canon de Ptolémée avec les inscriptions, et l'arrangement complet qui résulte de ce changement, produit par une confusion de deux lettres assez ressemblantes dans l'antique écriture, le *m* et le *h*: ארבע עשרה est à changer en ארבע ועשרם.

Nous n'avons ici qu'à nous occuper des cadres généraux ; nous établissons seulement que la dynastie des Sargonides, la dernière des Assyriens, finit avec la seconde et dernière destruction de Ninive. Je dis la seconde, car le fait d'un sac complet par Arbace et Bélesys est constant par la non-existence à Ninive de grands monuments antérieurs à Sennachérib. Les palais de Koyoundjik et de Nebbi-Younès datent de ce roi et de ses successeurs; même Sargon n'y a laissé aucun monument. La catastrophe qui fit périr Sardanapale dans les flammes avait mis au niveau du sol de sa capitale tous les monuments de la dynastie de Belitaras.

La seconde prise de Ninive eut lieu en 625 avant J. C. Il s'était écoulé, depuis la fondation du premier empire sémitique, 1392 ans. Ceci nous explique le calcul de Ctésias, qui évalue la durée de la monarchie assyrienne à 1360 ans et un peu plus. Je crois que Ctésias a écrit 1,390 ans et un peu plus, car le ἐξήκοντα de l'ionien a parfaitement pu se changer en ἐννήκοντα. Ctésias comprit donc sous le nom de monarchie assyrienne toutes les dynasties sémitiques.

Du reste, tous les historiens de l'antiquité en sont là : quelques-uns même comptent de Ninus à Cyrus, en fondant tout dans le nom de dynastie assyrienne. Ainsi Velleius donne deux chiffres qui ont évidemment ce sens; seulement l'unique manuscrit que nous ayons contient une transposition des deux C dans les nombres romains, ce qui lui fait avancer une grosse erreur. Il dit que l'empire d'Assyrie finit 770 ans avant le consulat de Vinicius, après avoir duré 1070 ans. Cela ne donne aucun sens, d'après aucun système. Il paraît qu'il faut lire 570 et 1470; alors nous sommes transportés en 540 avant J. C., date approximative de la prise de Babylone par Cyrus, et en 2010 avant J. C. pour la fondation de l'empire de Ninive.

En résumé, les différentes dynasties sémitiques qui ont régné sur la Mésopotamie ont été confondues en une seule par les Grecs, qui lui donnèrent le nom de *monarchie assyrienne*. Il est constant qu'un de ces empires a été fondé par un roi Ninus; qu'une de ces séries différentes de rois a été illustrée par les talents et les conquêtes d'une reine; qu'une dynastie a fini avec un Sardanapale, nom célèbre dans les annales assyriennes. Mais les Grecs, ne distinguant plus entre Chaldéens, Arabes et Ninivites, firent de ces différents empires un seul, en lui attribuant des victoires ou des désastres qui avaient signalé le commencement ou la chute de l'un d'entre eux.

II. Nous reprendrons maintenant toute la suite des dynasties et y rangerons les différents monarques qui ont régné sur l'Assyrie.

La première race que les Chaldéens placent immédiatement après le déluge eut l'empire pendant 1,091 ans, c'est-à-dire de 3540 jusqu'à 2449 avant J. C. Nous la nommons *chamite*, car les plus grandes probabilités se réunissent pour faire agréer notre opinion. Le nom du premier roi est, selon les leçons les moins défigurées, ΕΥΗΧΟΟΣ, il est assimilé au Nimrod de la Bible. En effet, nous croyons voir dans ce nom d'*Evechoos* une altération des mots égyptiens *Si-en-Kouch*, ou *Sev-en-Kouch* (?), fils de Cus, et si, comme nous n'en doutons pas, notre étymologie a quelque fondement, nous trouverions dans cette coïncidence une éclatante confirmation des textes bibliques. D'après les saintes Écritures, le berceau de la puissance du grand chasseur devant l'Éternel était Babylone, Erech, Accad et Chalanne; sa puissance alla au delà, jusqu'en Assyrie, où il fonda les villes de Ninive, de Calach et de Resen. La première de ces cités, la plus célèbre, mais la moins antique, porte un nom sémitique qui signifie simplement *demeure*. Mais tel n'est pas le cas des deux autres, à ce que je crois; quant à Resen, dont le nom s'est encore conservé dans une localité, entre Calach (Nimroud) et Ninive, son existence comme cité paraît même antérieure à l'époque chaldéenne, où l'on ne trouve plus de ville ainsi appelée.

Selon nous, il semble établi que la race chamite a peuplé l'Asie avant les enfants de Sem, qui l'en ont chassée. Ne trouverait-on pas une indication allégorique de ce fait dans la malédiction de leur aïeul commun? La descendance du fils maudit s'étendit sur toute l'Asie occidentale en deçà d'Iran, et de là elle déborda sur l'Afrique, où elle resta maîtresse. Les Sémites, venus de l'Arabie méridionale et orientale, expulsèrent ou anéantirent ces premiers habitants. Ce fait nous est avéré par le dixième chapitre de la Genèse, qui ne souffre pas d'autre explication, car je ne crois pas qu'il nous soit permis, jusqu'à preuve du contraire, de contester ces antiques données. Comme les premiers habitants de la Chaldée furent des Chamites, ainsi les plus antiques colons de la Phénicie le furent également; mais la séve qui anima dans tous les temps les descendants de Sem, et qui les vivifie encore, ne rencontra pas chez les parents de Nimrod et de Chanaan un élément irrésistible; et ainsi, il est arrivé que même les idiomes originaires de Sidon et de Babylone disparurent, pour faire place aux langues indestructibles de Sem.

Nimrod est une figure très-antique; elle est déjà presque mythique dans la Genèse; et, à l'époque très-reculée de sa rédaction, ce nom était devenu proverbial et vivait dans des chansons dont le passage si connu[1] nous a réservé un fragment. Encore plus, on ne le nommait plus par sa véritable appellation chamite : les Sémites lui avaient donné le surnom de *rebelle*, comme rejeton d'une race maudite qui s'était arrogé une terrible puissance.

Faut-il s'étonner, après ces raisons, que nous ne rencontrions sur aucun monument chaldéen le nom de cet antique héros?

Mais ce ne furent pas en Chaldée les Sémites qui détruisirent la prépondérance de Cham : celui-ci n'avait déjà pu résister aux agressions des Ariens, qui vinrent, le glaive à la main, propager la doctrine de Zoroastre. Mais la Mésopotamie qui a toujours servi de point de rencontre à des races différentes, ne resta pas long-temps dans le pouvoir des Bactriens; elle tomba entre les mains d'une autre race forte, d'une antique civilisation. Cette dernière fut une nation non arienne. Qu'on la nomme touranienne, ouralienne, scythique ou tatare, toujours est-il vrai que c'est de ce peuple du Nord que l'écriture est venue aux Assyriens.

La domination de la race touranienne ne fut pas de très-longue durée; nous la plaçons de 2225 à 2017. Nous avons signalé la curieuse coïncidence qui existe entre la date à laquelle remontent les données astronomiques des Babyloniens, et celle que nous obtenons en faisant subir au chiffre impossible МН le changement si naturel ΣΗ, 208.

L'influence de cette suprématie fut énorme : c'est ce peuple qui a donné le nom à l'Asie, à la Médie, à la Perse : il imposa son système d'écriture aux Chaldéens, qui le subirent pendant vingt siècles. Mais la supériorité du génie sémitique le déposséda et le refoula jusqu'aux montagnes d'Iran.

Vers le commencement du xxiie siècle, vers 2100, nous voyons

---

[1] *Genèse*, X, 9.

poindre la domination sémitique. La Genèse nous a transmis la connaissance d'une guerre des quatre rois contre la pentapole de la mer Morte : ce sont Amraphel de Sennaar, Arioch d'Ellasar, Kedorlaomer d'Élam et Tidal, roi des peuplades. Je ne sais, je l'avoue, où classer les deux noms d'Amraphel et d'Arioch; mais je crois reconnaître dans celui du roi d'Élam un nom touranien, et dans le dernier une allure incontestablement sémitique. La suprématie est encore au Touranien, le Sémite n'a encore sous lui que des peuplades non réunies, mais elles formeront une masse compacte un siècle après.

C'est à la fin du XXI⁰ siècle avant l'ère vulgaire que commence l'empire sémitique, et c'est ici que commencent aussi nos documents. Nous avons déjà eu l'occasion de citer deux rois dont l'âge remonte jusqu'au milieu du XX⁰ siècle, et dont M. Loftus a découvert des monuments en Chaldée. L'expédition française de Mésopotamie a également recueilli un vase en albâtre portant le nom de Naramsin, qu'un roi du temps des Perses (Nabou-imtouk) cite comme un monarque qui a construit des palais. Mais ces documents ne sont pas de nature à élargir nos connaissances historiques. Rarement ils donnent une filiation ; le vase de Naramsin, qui était un des documents les plus curieux de cette époque reculée, n'indique pas le nom du père. Mais la plus grande difficulté résulte de la manière presque inextricable dont sont écrits ces monuments. Rien presque n'y est phonétique, rien ne nous guide pour reconnaître le nom du roi et pour le distinguer de ses titres. Il n'y a que les deux noms de Naramsin et d'Ismidagan qui soient sûrement lus : le premier, parce qu'il commence l'inscription et qu'il est suivi du titre royal; le second, parce qu'on le retrouve dans une autre inscription. J'ai copié presque toutes les inscriptions de Warkah, mais je ne puis pas les lire; j'en sais assez pourtant pour pouvoir affirmer que sir Henry Rawlinson a complétement échoué dans la lecture des noms royaux qu'il a donnés comme tels. Il me semble évident que, dans plus d'un cas, il s'est trompé de ligne et qu'il a pris pour un nom royal ce qui n'est qu'un des titres du monarque. On peut bien dire que, quoiqu'on connaisse beaucoup des signes qui composent ces inscriptions, on ne les lit pas encore.

Rien ne nous serait connu de l'époque arabe[1] sans la donnée

---

[1] M. de Rougé croit que ces rois arabes sont identiques aux rois des Kheta

de Bérose : mais à partir du grand empire d'Assyrie de 1314 à 788, les documents commencent à affluer, et nous avons presque toute la suite des générations jusqu'à Sardanapale IV. Non pas que nous sachions les noms de tous les quarante-cinq monarques de cette période, car nous ne connaissons pas les règnes des rois qui furent les ascendants collatéraux des premiers rois, qui ne nomment que leur aïeul en ligne directe; mais au moins nous les avons en grande partie, et les données des Grecs nous remplissent les lacunes.

Nous savons par Agathias, confirmé par les documents cunéiformes, que, pendant cette période de 526 ans, deux dynasties ont successivement occupé les trônes de Ninive. Il appelle l'une celle de Ninus et de Sémiramis, qui a fini avec Beleous, fils de Delketades, et l'autre celle de l'usurpateur Belitaras, dont le dernier rejeton fut Sardanapale.

Ces noms sont historiques. Dans une inscription de Kalah Sher-ghat, le roi Tiglatpileser Ier (vers 1200) rend compte de ses ancêtres. Le fondateur de l'empire, le quatrième ascendant de ce roi, se nomme Ninip-pall-oukin, « le dieu Ninip a donné un fils », et de ce Ninippalloukin est venu le nom de Ninus qui, soit dit à l'honneur d'Hérodote, ne figure pas comme un roi d'Assyrie chez le père de l'histoire. Voici les cinq noms de l'inscription avec le fils de Tiglatpileser Ier :

> Ninippalloukin, premier roi ;
> Assourdayan (la prononciation de ce nom est très-peu sûre, quoique toutes les lettres soient bien connues);
> Moutakkil-Nabou, « confiant en Nabou »;
> Assour-ris-ili, « Assour est le chef des dieux »;
> Tiglat-pallou-sir, « adoration au fils de *Sir* » (Tiglatpileser Ier);
> Assour-iddanna-palla, « Assour a donné un fils » (Sardanapale Ier).

Puis est nommé par Sennachérib, comme ayant été dépouillé en 1122 par Mardouk-idanna-akhi (« Mérodach a donné des frères »), roi de Chaldée, un autre Tiglatpileser II, que j'identifie

des inscriptions égyptiennes. M. Ch. Lenormant, au contraire, émet l'opinion que les Assyriens ont désigné sous le nom d'Arabes tout simplement les Égyptiens. Cette dernière idée a, nous ne le nions pas, quelque chose de très-séduisant. Nous croyons devoir prendre acte de ces deux opinions, sur lesquelles les documents ne tarderont pas à se prononcer.

avec le Delketades d'Agathias, père de Beleous (*Hou-likhkhous*) que je nomme Belochus Ier, dernier roi de la première race, et dépossédé par Belitaras, son jardinier.

Nous connaissons toute la généalogie de ce roi, d'abord par les briques qui établissent la filiation de six rois déjà reconnus comme tels par MM. Layard et de Saulcy, et ensuite par un curieux monument dont plusieurs exemplaires sont conservés, et dont un se trouve au Musée britannique. Nous donnons ici une traduction qui peut être regardée comme sûre, quant aux points principaux. L'inscription est sur le pavé d'une porte :

« Palais de Belochus (III), grand roi, roi puissant, roi du monde, roi d'Assyrie, le roi que, parmi ses fils, a élu le dieu Assour, le maître des dieux ; il a rempli ses mains de l'empire des nations. De la grande mer du soleil levant, jusqu'à la grande mer du soleil couchant, s'étendit la puissance de son bras : il régna en maître des tribus.

« Fils de Samsi-Hou, grand roi, roi puissant, roi du monde, roi d'Assyrie, roi des nations, le fils de Salmanassar (III), roi des quatre régions, qui dévasta les pays de ses ennemis, et anéantit et le père et le fils : le petit-fils de Sardanapale (III), le vaillant, le terrible, qui avança les frontières du pays. »

« C'est Belochus, le fort, le majestueux, dont Assour, Samas (le soleil), Ao et Mérodach accomplirent les vœux ; ils agrandirent son pays, à cause des vertus de Tiglatpileser (III), roi d'Assyrie, roi de Soumir et d'Accad, et fils de l'arrière-petit-fils de Salmanassar (II), grand roi, roi puissant, qui a construit le grand temple du Sennaar, qui est le berceau des pays (?), et qui fut fils de l'arrière-petit-fils de Belitaras, le roi mon aïeul, l'origine de la royauté. »

Avec les inscriptions qui nous restent des autres rois, nous pouvons reconstruire presque en entier la suite généalogique ; mais il ne serait pas possible encore de donner la succession des rois, par la cause que nous avons déjà signalée plus haut. Voici la liste :

Belitaras (Bel-kat-irassou), « Bel a fortifié ma main » ;

Salmanassar Ier, fondateur de Calah (Nimroud) ;

Sardanapale II (Assour-idannou-palla) « Assour a donné un fils » ;

Salmanassar II, arrière-petit-fils de Belitaras, fils du précédent ;

Assour-dan-il Ier, fils du précédent ;

Belochus II, petit-fils du précédent ;

Tiglatpileser III, fils du précédent;
Sardanapale III, le grand, fils du précédent;
Salmanassar III, fils du précédent;
Samsi-Hou II, fils du précédent;
Belochus III, fils du précédent, époux de Sémiramis (Sam-
mouramit).

C'est de ce roi et de cette reine que le dernier roi du grand empire, Sardanapale IV, fut probablement le fils. Ce fut un roi fainéant, et l'on comprend comment s'est formée la fable de Ninyas efféminé et fils de Sémiramis. Ninyas, du reste, n'est pas un nom d'homme, c'est tout simplement la personnification du nom assyrien de Ninive, Ninoua.

Nous n'avons presque pas de documents antérieurs à Sardanapale le Grand. Une petite tessère se trouve au Louvre et porte le nom du Tiglatpileser III, mais, malgré les mémorables exploits de ce roi, il ne semble pas que de grands monuments en soient conservés. En revanche, les inscriptions portant le nom de son fils abondent; nous avons ses annales conservées sur une belle stèle au Musée britannique et sur des dalles restées à Nimroud, ainsi que beaucoup d'inscriptions d'une moindre étendue.

Salmanassar III reçut les tributs de Jéhu, roi d'Israël; cette donnée précieuse pour la chronologie, se trouve sur un obélisque en basalte noir, actuellement à Londres. Ce monument, curieux à cause de ses bas-reliefs, contient les annales qui s'étendent jusqu'à la 31ᵉ année du règne de Salmanassar.

Une stèle, en caractère assyrien archaïque, a été trouvée à Nimroud en 1854; nous ne la connaissons pas, mais nous savons qu'elle provient de Samsi-Hou, fils de Salmanassar. C'est ce roi que sir Henry Rawlinson a nommé à tort d'abord *Samsi-Adar*, ensuite *Shamashphul*.

Le fils de ce monarque fut l'époux de Sammouramit, Sémiramis, qui régna après lui. Une inscription historique a été déterrée l'année dernière à Nimroud, par M. Loftus; elle raconte les guerres que Belochus III fit dans l'Asie occidentale. Le document généalogique traduit plus haut provient de ce roi, que M. Rawlinson a lu successivement *Hevenk, Adrammelech, Phallukha, Phal-lukh*, et tout dernièrement *Phulukh*[1]. Quant à ces lectures,

---

[1] La leçon Φάλωχ se trouve en Par. I, 5,26, où d'autres ms. ont Φάλως. Il

nous croyons que les unes ne valent pas mieux que les autres. Le nom se lit ⟨signes cunéiformes⟩ *Hou-likh-khous* et signifie simplement : « Que le dieu Ao (φῶς νοητόν) donne un bon augure. » Le colonel Rawlinson, avec l'idée préconçue que ce roi devait être le *Phul* de la Bible, a cru trouver dans les Septante la forme Φάλωχ pour le Phul hébreu; dont il a lu ⟨signe⟩ *Phal* et ⟨signes cunéiformes⟩ *lukh*. Plus tard il vit que la lettre ⟨signes cunéiformes⟩ avec laquelle il confondit ⟨signes cunéiformes⟩, aussi écrite ⟨signes cunéiformes⟩, ne peut avoir que la valeur *oukh;* il changea donc le nom en Phul-ukh. Mais la valeur Phal ou Phul qu'il attribue faussement à la lettre ⟨signe⟩ *Ou* et *Hou,* n'est qu'une pétition de principes, un cercle vicieux, pour arriver à l'identification de ce nom avec Phul de la Bible.

Nous ne pouvons encore savoir avec sûreté la durée du règne de Sémiramis, qui, selon Hérodote, dont il faut toujours respecter même les erreurs, régna cinq générations avant Nitocris, reine de Babylone, et selon lui, épouse et mère des Labynetus, père et fils. Si Sardanapale a régné environ 15 ans, son avénement, et probablement alors la mort de Sémiramis, tombe vers 803; cinq générations, c'est-à-dire 165 ans plus tard, nous conduiraient à la date de 640 environ. Assour-dan-il II, le Kiniladan des Grecs, dernier roi de Ninive, régnait alors à Babylone; est-ce que ce roi fut l'époux de Nitocris, qui, probablement fut une Égyptienne? Nous n'oserions nous prononcer affirmativement. Seulement nous devrons nous résigner à trouver ici en défaut le père de l'histoire, qui confond avec Nabopolassar et Nabuchodonosor le roi Labynetus (I, 74), dont le nom est la transcription très-reconnaissable de Nabonid. Il nous paraît évident qu'Hérodote a désigné par Labynetus tous les monarques dont le nom commence par Nabo, et nous émettons l'hypothèse que la reine Nitocris fut, en effet, la femme du premier Labynetus (Nabopolassar) et mère du second (Nabuchodonosor). Elle ne peut avoir été la mère du dernier Labynetus (Nabonid), parce que les inscriptions, conformément avec Bérose, établissent que le père du dernier roi de Babylone (*Nabou-balat-irib*) n'a pas régné. Nitocris vivait donc déjà vers 640, date de la

faut remarquer que ce nom de Phul ne se trouve pas dans la traduction syriaque; on n'y lit que le nom de Tiglatpileser. La traduction arabe parle d'un roi de Syrie *Balak.* Dans les passages où ce nom de Phul se trouve incontestablement, la forme des Septante est ΦΟΥΑ, évidemment défigurée de ΦΟΥΛ.

naissance de Nabuchodonosor, comme épouse du satrape de Babylone Nabopolassar, et il n'est pas invraisemblable que les travaux qu'Hérodote attribue à la reine soient les mêmes dont le roi Nabuchodonosor fait honneur à son père, déjà âgé et débile selon Bérose. Cette opinion nous paraît d'autant plus plausible, que le père de l'histoire ne fait pas de Nitocris l'auteur des murailles, mais simplement des travaux hydrauliques dont le destructeur de Jérusalem lui-même attribue l'exécution à Nabopolassar.

Quoi qu'il en soit, l'âge de Sémiramis, ainsi que nous l'avons établi, cadre parfaitement avec les données de l'historien d'Halicarnasse qui, seul parmi les Grecs, n'en a pas fait une reine mythique et imaginaire, et seul n'a pas été démenti par les inscriptions. Elle peut avoir fait de grandes œuvres à Babylone, et avoir entrepris dans l'Orient lointain des guerres dont les Perses placèrent l'époque beaucoup trop longtemps avant leur propre domination.

Sémiramis fut probablement la mère du dernier roi de cette race que la grande autorité des Grecs nous permet de nommer Sardanapale; toutefois, nous n'avons pas de monuments de ce prince. C'est lui qui fut dépossédé par les satrapes révoltés, Arbace et Bélesys, qui est le même que Phul.

Nous n'avons pas de monument du Chaldéen Phul, qui fut détrôné par Tiglatpileser IV, vers 769 avant Jésus-Christ. Ce prince entreprit une guerre contre Pekah, roi d'Israël vers 740, mais il resta sur le trône de Ninive encore jusqu'à 727 au moins, puisque nous avons une date de sa 42e année. C'est alors que lui succéda Salmanassar IV, connu par les annales sacrées comme destructeur de Samarie.

Bélesys, quoique remplacé à Ninive, semble être resté sur le trône de Babylone, tandis que Tiglatpileser s'établissait à Ninive. Il fut père ou grand-père de Nabonassar, qui a attaché son nom à l'ère de 747, quoiqu'il ne fût, comme le remarque Arago, guère digne de cet insigne honneur. L'illustre savant que nous venons de citer a déjà constaté que l'ère de Nabonassar, immortalisée par les travaux de Claude Ptolémée, ne se rattache à aucun fait historique.

A partir de Sardanapale IV, l'histoire de Babylone devint indépendante de celle de Ninive, bien que souvent les rois de Ninive eussent reconquis la ville sainte. Bélesys prit le premier le titre de roi de Babylone, que ses descendants et successeurs conservèrent ; mais jamais les rois de Ninive ne l'ont porté. Ceux-ci se réservent l'appellation de « vicaire de Babylone, » ce qui équivaut à un titre religieux, « lieutenant des dieux à Babylone ; » c'est le mot antique *sakkanakkou*, pris des Touraniens.

Ce n'est que sous Sargon, en 709, que la cité des Chaldéens retourna pour quelques années sous la domination ninivite. Tiglatpileser IV ne la nomme pas parmi les villes soumises à son empire ; ou s'il la prit, il ne la conserva pas longtemps.

Nous avons dit que ce prince fit la guerre à Pekah, roi d'Israël, vers 740 ; il emmena en Assyrie les habitants de Galaad, de Galilée et de Naphtali. C'est là le commencement de la captivité des dix tribus. C'est ainsi que Josèphe compte 240 ans de l'avénement de Roboam (980) à l'événement précité.

Salmanassar IV (725–720) continua l'œuvre de son prédécesseur ; il fit la guerre à Osée et mit fin au royaume d'Israël. Mais il paraît que, pendant qu'il était occupé dans l'ouest, un usurpateur, Belpatisassour, s'empara du trône et prit le nom de Sargin (Sargon de la Bible). C'est ce dernier qui acheva la transportation en Assyrie des dix tribus ; les inscriptions de Khorsabad attestent qu'il emmena à Ninive 27,280 israélites. (Botta, *Inscrip. de Nin.*, pl. 145, l. 12.)

Cet événement eut lieu en 718 avant Jésus-Christ, exactement 180 ans selon Josèphe avant la destruction du premier temple par Nabuchodonosor (588). Sargon fit de grandes expéditions en Phénicie ; il soumit l'île de Chypre, où une stèle avec une inscription de lui a été trouvée : ce monument remarquable fait partie de la collection du Musée de Berlin.

Il n'entre pas dans le but de ce travail de s'occuper particulièrement des campagnes entreprises par les divers rois de Ninive ; seulement nous devons répéter le fait déjà mentionné, que, dans la 12e année de son règne, Sargon soumit Babylone, où Merodach-baladan avait également régné 12 ans, selon le canon de Théon (en 709). Après Merodach-baladan, la liste des rois donne Arkeanos pendant 5 ans ; ce nom n'est que celui de Sargina ou Sarkin estropié.

Cette identification vient d'être corroborée par une trouvaille de M. Place, faite à Khorsabad. Le savant consul de France a déterré 17 petits cônes d'argile, sur lesquels sont des inscriptions courtes, qui toutes portent la date du 11ᵉ mois de la 9ᵉ, de la 10ᵉ ou de la 11ᵉ année de Mardouk-pall-iddin (Merodach-baladan), roi de Babylone. Je crois que le 11ᵉ mois correspond au mois *loos* des Macédoniens. Selon Bérose, ce fut le 15ᵉ de ce mois (et en réalité le seul monument qui donne la date exacte porte le 15ᵉ jour) que se célébrait la fête de Sacées, des saturnales Babyloniennes. Il est possible que ces 17 petits cônes d'argile se rapportent à cette solennité. La circonstance que nous avons la 11ᵉ année du roi Chaldéen, mais qu'il manque la 12ᵉ, où il a été détrôné et dépouillé, prouve d'abord que ce Merodach-baladan ne peut être que le premier de ce nom, qui régna de 721 à 709, ensuite elle explique la présence de ces petits monuments dans le palais de Ninive.

Sargon, qui finit le palais de Hisr-Sargon (Khorsabad) dans la 15ᵉ année de son règne, peu de temps avant son décès, mourut en 704, et son fils Sennachérib lui succéda. Alors Babylone se révolta, l'autorité de Ninive ne put pas s'y maintenir, et, au bout de cinq ans seulement, le roi réussit à imposer à la cité sainte son fils aîné, Assourinaddinsou (dont les Grecs ont fait ΑΠΑΡΑΝΑΔΙϹ pour ΑϹΑΡΑΝΑΔΙϹ), qui s'y maintint jusqu'à 693, où probablement il fut tué et remplacé par Ἰριγή-βηλος. Dans ce dernier je crois reconnaître le mot chaldéen Irib-akhi-Bel, « Bel a multiplié les frères. » Il ne s'y maintint qu'une année.

Nous n'insisterons pas sur les campagnes de Sennachérib. Ce roi dont le nom assyrien est *Sin-akhi-irib*, « Sin a multiplié les frères », régna, selon nous, vingt-huit ans. La traduction arménienne d'Eusèbe ne lui donne que dix-huit ans de règne; mais ce chiffre est faux, car les Turcs ont trouvé, dans leurs fouilles à Nebbi-Younès, une tablette où on lit la date de la 22ᵉ année de Sennachérib. Nous croyons devoir assigner à sa domination une durée de 28 ans, au lieu de 18; car si l'on y joint les huit ans que régna Assarhaddon sur Ninive, nous arrivons, pour la mort d'Assarhaddon, à la date de 668, qui est également donnée par le canon de Ptolémée.

Après des révolutions assez longues, Sennachérib réussit à imposer aux Babyloniens son second fils *Assour-akh-iddin,* « Assour a donné un frère, » en 680 avant Jésus-Christ. Pendant qu'Assarhaddon (car ainsi nous nommons ce prince) s'occupait des embellissements de Babylone, deux de ses frères, Adramelech et

Saresser assassinèrent leur père dans le temple de Nisroch. Mais les parricides ne purent recueillir le fruit de leur forfait, ils furent forcés de se réfugier en Arménie et de céder le trône à leur frère aîné Assarhaddon (en 676).

Assarhaddon régna huit ans sur les deux villes, et porta pour la dernière fois, dans des régions lointaines, la gloire des armes assyriennes. Il soumit la Phénicie, attaqua Abdimilchus, roi de Sidon, envahit l'Égypte et même l'Éthiopie. C'est lui qui amena Manassé à Babylone. Il démit de ses fonctions de satrape de Babylone *Samas-dar-oukin*, Saosdouchin de Ptolémée, qui se rendit indépendant aussitôt que son maître eut fermé les yeux et laissé le trône à son fils Tiglatpileser V.

Nous ne connaissons rien de ce prince que le nom ; mais nous en savons beaucoup plus sur son frère et successeur Sardanapale V. Sous lui, l'art assyrien parvint à sa plus grande splendeur ; M. Hormuzd Rassam et M. Loftus ont découvert son palais à Koyoundjik, et les bas-reliefs qui le décorent sont tout ce qu'il y a de plus fini en fait d'art ninivite. Sardanapale fit la guerre à Tioumman, roi de Susiane ; beaucoup de bas-reliefs immortalisent ses victoires. Mais jamais il ne détrôna l'usurpateur Saosdouchin, qui ne succomba qu'à son fils, dernier roi de Ninive, Assour-dan-il II.

Ce roi, qui soumit Babylone en 647, est nommé généralement Kiniladan ou Kiniladal. Au lieu de cette forme on a également ΙϹΙΝΙΛΑΔΑΛΟϹ ; et le K ne semble que les deux lettres ΙϹ réunies. Nous avons une courte inscription de ce roi, qui succomba en 625 aux efforts réunis des Babyloniens et des Mèdes, précisément comme Sardanapale avait été détrôné par ces deux puissances.

C'est alors que Ninive disparut définitivement et ne revécut plus. L'empire passa aux Babyloniens qui, sous Nabuchodonosor, atteignirent à la plus haute puissance que jamais nation sémitique ait exercée dans l'Occident avant l'islamisme. D'anciennes légendes attribuèrent à ce même roi la conquête de l'Afrique et de l'Espagne.

Son génie (car le destructeur de Jérusalem fut un homme de génie) se manifesta surtout dans ses constructions à Babylone ; il en fit la plus vaste cité dont l'humanité ait gardé le souvenir. Il mourut après un long règne de 43 ans, en 561 avant Jésus-Christ, laissant à ses successeurs la tâche de combattre une nation qui se révélait alors, les Perses.

Evil-Merodach, son fils ; Nergal-sar-ossor, son gendre ; Irib-akhi-Mardouk, son petit-fils, purent encore régner après lui, selon la prophétie de Jérémie. Mais la foudre tomba sur Nabonid (*Nabou-nahid*, « Nabo est majestueux »), fils de Nabou-balat-irib, choisi parmi les Chaldéens comme le plus digne de la couronne. C'est contre lui que marcha Cyrus. Le roi des Perses prit Babylone proprement dite ; mais Nabonid se retrancha dans Borsippa. Ce dernier boulevard de l'empire sémitique dut tomber, et la domination des Sémites ne se releva que douze siècles plus tard, lorsque le Koran fit trembler le monde.

Il est vrai qu'il y a eu des tentatives pour se débarrasser du joug des Mèdes et des Perses. Nous savons que, sous Darius, la cité des Chaldéens se révolta. Deux imposteurs, Nidintabel et Arakh, se donnèrent successivement pour Nabuchodonosor, fils de Nabonid ; mais la malheureuse cité paya son obstination par le massacre de ses grands, et plus tard par la démolition de ses grandes murailles.

Il paraît pourtant, et c'est un point presque décidé, que dans l'époque comprise entre 508 et 487, Babylone se rendit de nouveau indépendante. Nous avons étudié à Londres des monuments appartenant à un roi, selon nous *Nabou-imtouk,* qui régna au moins 16 ans. Il nomme comme son fils Bel-sar-oussour, que le colonel Rawlinson identifie avec le fameux Balthasar de Daniel. Nous adoptons et la lecture et l'assimilation. Le savant anglais n'a vu dans Nabou-imtouk qu'une manière différente d'écrire le nom de Nabonid, de sorte que Bel-sar-oussour aurait été un fils du dernier roi de Babylone. Mais il y a une objection dont il faut, je crois, tenir compte. Le musée de Londres possède quatre cylindres en terre portant tous la même inscription, trouvés par M. Taylor en Chaldée, provenant de Nabou-imtouk. Sur ces quatre monuments, se trouve une fois et à la même place, dans le corps de l'inscription, le nom de *Nabonid* écrit de la manière *ordinaire* connue par l'inscription de Bisoutoun. Nulle part ailleurs il ne paraît dans ce texte ; même il semble que le rédacteur de ces cylindres ait infligé un blâme à l'adversaire de Cyrus pour avoir négligé le culte de Sin (Lunus), et jamais autre part le nom de Nabou-imtouk ne remplace les signes ayant sûrement la valeur de Nabounahid.

Cela nous semble renfermer au moins une grave présomption contre l'idée de notre illustre ami.

Jusqu'à ce que des documents aient prouvé que les signes ⟨cuneiform⟩ *im touk*, représentent un monogramme complexe du mot *nahid*, il sera permis de douter au moins de l'identité du roi écrit Nabou-imtouk avec le dernier monarque chaldéen. Je n'ai pas besoin d'ajouter que l'opinion du colonel Rawlinson n'explique pas plus que celles d'autres savants le passage de Daniel d'après lequel Balthasar fut un fils du grand Nabuchodonosor et fut détrôné par Darius le Mède.

Si Nabou-imtouk ne fut pas Nabonid, comme nous penchons à le croire, il faudra le placer entre les dates de 5o8 et 487 ; car nous n'avons pas, que je sache, de documents babyloniens portant une date entre la 13ᵉ et la 36ᵉ années de Darius, roi de Babylone et des nations. En revanche, nous avons une brique datée de la 16ᵉ année de Nabou-imtouk. Attendons que des monuments nouveaux nous éclairent sur la question, et confirment l'opinion que nous émettons ici comme une hypothèse très-probable, à savoir : que la réduction définitive de Babylone n'eut lieu qu'après le règne de Bel-sar-oussour, fils de Nabou-imtouk, et descendant de Nabuchodonosor, vers 488. Cette idée aplanit les difficultés qui s'élevaient jusqu'ici au sujet de Darius le Mède, qui, d'après nous, est Darius, fils d'Hystaspe. Ce roi avait, en effet, 62 ans (Daniel vi, 1), vers 488 avant Jésus-Christ, et notre opinion, qui place seulement à cette époque la démolition définitive de la première enceinte de Babylone, gagne de la probabilité par le témoignage direct de Darius, qui, dans l'inscription de Bisoutoun (516), se tait sur cet acte de vengeance, certes le plus habile de tous sous le point de vue politique.

Votre Excellence aura pu se convaincre que mes études à Londres ont jeté un jour nouveau sur plus d'un point obscur de l'histoire antique de l'Asie. Modeste travailleur, je n'ai qu'une ambition : c'est d'apporter quelques pierres à l'édifice que construit la science de notre époque. Mon but n'était que d'aider à ouvrir une voie nouvelle, à ramasser des matériaux que des mains plus habiles utiliseront, à former des cadres dans lesquels il les placeront ; et je serai heureux si je l'ai atteint.

J. Oppert.

Imprimerie impériale. — Mai 1856.

CHRONOLOGIE DES ASSYRO-CHALDÉENS.

Durée du règne des dix rois fabuleux avant le déluge, évaluée à 10 années cosmiques...... **432000 ans.**

Époque où les Chaldéens placent la construction de la Tour des Langues (42 onar ou 2940 ans avant Nabuchodonosor)...... **3540 avant J. C.**

I. DYNASTIES NON-SÉMITIQUES (comprises sous le nom de suprématie scythique pendant 1500 ans).

    i. ROYAUME CHAMITE, pendant 9 jours 2 heures 5 minutes cosmiques, c'est-à-dire 1091 ans, au lieu de 33091 ans...... **3540-2449.**

        Si-en-Kouch (fils de Kouch, ΕΥΕΧΟΟΣ, Nimrod « le rebelle » des Sémites), premier roi.

    ii. INVASION ARIENNE, à la suite des migrations des Indo-Germains vers l'occident.

        Huit rois mèdes pendant 224 ans...... **2449-2225.**

    iii. DOMINATION TOURANIENNE (SCYTHIQUE). Onze rois pendant 208 ans (ΣΗ au lieu de MH)...... **2225-2017.**

        Les Touraniens importent l'écriture cunéiforme à Babylone.

        Limite supérieure des observations astronomiques des Chaldéens (1903 ans avant la mort d'Alexandre, 2226 avant J. C.).

        Arioch, roi d'Ellasar, Amraphel, roi du Sennaar, sous l'hégémonie du Touranien Kedorlaomer, roi d'Élam...... **vers 2100**

II. DOMINATION DES SÉMITES.

    i. PREMIER EMPIRE DE CHALDÉE. Quarante-neuf rois pendant 458 ans...... **2017-1559.**

        Premier roi, inconnu.

        Ismidagan, seigneur d'Assyrie...... **vers 1950**

        Samsi-Hou, fils d'Ismidagan (641 ans avant Assourdayan).

        Naramsin, roi des quatre régions.

        (Les noms des autres rois ne sont pas encore déchiffrés).

    ii. INVASION ARABE. Huit rois pendant 245 ans...... **1559-1314.**

        Les Khet des hiéroglyphes égyptiens, selon M. de Rougé, probablement les Dummukh des Assyriens.

    iii. GRAND EMPIRE D'ASSYRIE. Quarante-cinq rois pendant 526 ans...... **1314-788.**

        a. 1re dynastie. Ninippalloukin, premier roi...... 1314

        Assourdayan, fils du précédent...... vers 1300

        Moutakkil-Nabou, fils du précédent...... vers 1270

        Assour-ris-ili, fils du précédent. (Commencement de la puissance assyrienne, à la suite de la prépondérance égyptienne, qui avait duré 500 ans.)...... vers 1250

        Tiglatpileser Ier, fils du précédent. (Cylindre historique en 800 lignes.)...... vers 1220

        Sardanapale Ier, fils du précédent...... vers 1200

        Tiglatpileser II.

        Sac de Ninive par les Chaldéens, 418 ans avant la première année de Sennachérib...... 1122

        Belochus Ier, fils du précédent...... vers 1100

        b. 2e dynastie. Belitaras (*Bel-kut-irasson*), usurpateur...... vers 1100

        Salmanassar Ier, fondateur du palais de Calach (Nimroud)...... vers 1050

        Sardanapale II, arrière-petit-fils de Belitaras...... vers 1020

        Salmanassar II, fils du précédent...... vers 1000

        Assour-dan-il Ier, fils du précédent...... vers 980

        Belochus II, petit-fils d'Assour-dan-il Ier...... vers 970

        Tiglatpileser III, fils du précédent...... vers 950

        Sardanapale III, fils du précédent. Grand conquérant...... vers 930-900

        Salmanassar III, fils du précédent. Adversaire de Jéhu, roi d'Israël. (Obélisque de Nimroud.)...... vers 900-860

        Samsi-ou II, fils du précédent...... vers 860-840

        Belochus III, fils du précédent, époux de Sémiramis (*Summouramit*)...... vers 840-820

        Sémiramis (17 ans seule)...... 820-803

        Sardanapale IV, probablement fils des précédents, dernier roi du grand empire...... 803-788

III. PARTAGE DE LA DOMINATION ENTRE SÉMITES ET ARIENS.

BABYLONE.	NINIVE.	MÉDIE ET PERSE.	SUSIANE.
Phul-Belesys fonde l'empire de Chaldée, premier roi de Babylone, soumet l'Assyrie...... 788-769		République arienne.... 788-710	Royaume de Susiane.
Roi de Babylone jusqu'à..... 747		Arbace, premier chef.	
	Tiglatpileser IV rétablit la monarchie assyrienne...... 769-725		
Nabonassar...... 747-733	Commencement de la captivité d'Israël...... 740		Soutrouk-Nakhounta.
Nabios...... 733-731			
Kinzirus et Porus...... 731-720	Salmanassar IV prend Samarie (720), et est détrôné par Sargon.. 725-720	Aspabara........ vers 720	Kontir-Nakhounta, fils du précédent.
	DERNIÈRE DYNASTIE NINIVITE. (Sargonides, 720-625.)	Dynastie des Déjocides.	
Hulaeus...... 720-721			
Merodachbaladan...... 721-709	Sargon (fonde Khorsabad vers 706)...... 720-704	Déjocès, roi........ 710-657	Tarbak, frère du précédent.
Sargon, roi de Babylone de 709-704, Arkeanos de Ptolémée.			Houmbanigas, vaincu par Sargon.
Anarchie...... 704-702	Sennachérib, fils de Sargon...... 704-676		
Belibus...... 702-699	Campagne contre l'Égypte et la Judée...... 702		
Assourinaddinsou, fils de Sennachérib...... 699-693			
Irigibel...... 693-692			
Mesisimardocus...... 692-688			
Anarchie...... 688-680			
Assarhaddon, fils de Sennachérib.. 680-668			
	Roi d'Assyrie, d'Égypte et de Méroé...... 676-668	Phraortes............ 657-635	
Saosdouchin...... 668-647	Tiglatpileser V, fils d'Assarhaddon...... 668-660	Achaemenès, soumis. 650	Tioumman, vaincu par Sardanapale V.
	Sardanapale V, fils d'Assarhaddon...... 660-647	Cyaxarès............... 635-595	
Assour-dan-il II, fils de Sardanapale V (KINIAΛΛAN des Grecs), dernier roi d'Assyrie...... 647-625			
Destruction totale de Ninive...... 625			
DYNASTIE BABYLONIENNE (625-538).			
Nabopallasar (*Nabou-pall-ousour*) et Nitocris, l'Égyptienne...... 625-604			
Nabuchodonosor (*Nabou-koudourr-ousour*)...... 604-561		Astyagès................ 595-560	
Évilmerodach (*Abil-mardouk*)...... 561-559		Dynastie des Achéménides	
Nergalsarassar (*Nirgal-sarr-ousour*)...... 559-555		Cyrus, roi de Perse............ 560-529	
Labousardochus, fils du précédent (9 mois)...... 555			
Nabonid (*Nabou-nahid*), fils de Nabou-balatirib...... 555-538			
Cyrus prend Babylone...... 538			
Cyrus, roi de Babylone et de nations...... 538-529			
Cambyse...... 529-522		Cambyse............ 529-522	
Nidintabel, Pseudo-Nabuchodonosor, fils de Nabonid... 522-518		Gomates le Mage, Pseudo-Smerdis............ 522	
Darius, fils d'Hystaspe, prend Babylone pour la première fois...... 518		Darius, fils d'Hystaspes (Darius le Mède)............ 521-486	
Arakhou, Pseudo-Nabuchodorosor...... 517-516			
Darius prend Babylone pour la seconde fois...... 516			
Nabouimtouk se rend indépendant, et règne avec son fils Belsaroussour...... vers 508-488			
Soumission complète des Chaldéens...... vers 488		Xerxès Ier, Ahasverus des Juifs (Esther en 473)...... 486-465